DOCUMENTA MISSIONALIA - 17

(STUDIA MISSIONALIA - DOCUMENTA ET OPERA)
FACULTAS MISSIOLOGICA - PONT. UNIVERSITAS GREGORIANA

IL GIAPPONE NEL DILEMMA FRA TRADIZIONE E MODERNITÀ

La figura e l'opera di Yanagita Kunio, studioso della società tradizionale e del folklore giapponese

FRANCESCO DENTONI

UNIVERSITÀ GREGORIANA EDITRICE - ROMA - 1982

Imprimi potest: Romae, die 28 ianuarii 1983. URBANUS NAVARRETE, S.I., *Rector Universitatis*.

Con approvazione del Vicariato di Roma in data 4 febbraio 1983.

TYPIS PONTIFICIAE UNIVERSITATIS GREGORIANAE — ROMAE

INDICE

	PAG.
Premessa	3
Avvertenze	5
Introduzione	11

Capitolo Primo
LA VICENDA BIOGRAFICA DI YANAGITA E LA SUA NOTORIETÀ IN OCCIDENTE

1. Prospetto cronologico-biografico di Yanagita Kunio . . . 13
2. I primi scritti di Yanagita comparsi in inglese 21
3. L'inizio della notorietà di Yanagita in Occidente . . . 26
4. Traduzioni di opere di Yanagita 29

Capitolo Secondo
INTERPRETAZIONI D'INSIEME DELLA FIGURA E DELL'OPERA DI YANAGITA

1. Il memoriale di Miyata Shinpachirô 36
2. La valutazione di Ishida Eiichirô 37
3. La presentazione di Makita Shigeru 40
4. Lo studio interpretativo di Mori Kôichi 44
5. La ricostruzione storico-intellettuale di Ronald Morse . . 49
6. Studi settoriali sulla figura di Yanagita 60

Capitolo Terzo
GLI SCRITTI DI YANAGITA E GLI STUDI SU YANAGITA IN GIAPPONESE

1. Il dibattito su Yanagita in Giappone 67
2. La produzione di Yanagita in lingua giapponese . . . 73

	PAG.
CONCLUSIONE	99
BIBLIOGRAFIA	103
1. Scritti in lingue occidentali	103
2. Scritti in giapponese: libri	107
3. Scritti in giapponese: riviste	108
4. Scritti in giapponese: articoli e saggi	109
5. Scritti di Yanagita Kunio in giapponese	113
APPENDICE	125
1. Indice dei termini e dei nomi giapponesi	127
2. Indice delle voci bibliografiche giapponesi	129

a Grazia e Domenico

PREMESSA

In Occidente il nome di Yanagita Kunio (1875-1962) è finora rimasto quasi del tutto confinato nell'ambito — ragguardevole ma certo ristretto — degli studi di folklore giapponese. Non vi è dubbio invece che il significato della sua opera va molto oltre la pur enciclopedica raccolta, da lui intrapresa, di tutti gli aspetti della vita giapponese tradizionale. Con alle spalle una famiglia ispirata ai valori nativi, un esordio da letterato, una carriera da burocrate, un'esperienza da giornalista, si dedicò infine alla disciplina da lui fondata, impostata sì sulla falsariga delle scienze folkloriche occidentali, ma intesa come risposta concreta al problema della rifondazione sociale e culturale del Giappone, della quale nei suoi anni si avvertiva forte l'esigenza. Nelle usanze, nei dialetti, nelle credenze, nelle tradizioni della gente comune egli credette di individuare l'originaria identità culturale del Giappone, e la offrì al suo tempo come punto di riferimento da non perdere di vista nelle trasformazioni inevitabili attraverso le quali si doveva passare. Il suo messaggio ha acquistato ancor più significato nel dopoguerra, e come alcuni hanno scritto Yanagita è divenuto il pensatore più noto e più letto del Giappone di oggi.

Questa ricerca si rivolge in primo luogo agli studiosi occidentali del mondo giapponese dal punto di vista delle scienze umane, ai quali — oltre ad una conoscenza precisa della figura e del pensiero di Yanagita — offre soprattutto gli elementi per una più articolata comprensione del mondo intellettuale giapponese, e delle svariate radici di quel complesso di atteggiamenti che viene raccolto sotto il nome troppo generico di « nazionalismo ». E si rivolge anche, prolungando gli interessi antropologico-religiosi già avviati con il mio precedente volume *Feste e stagioni in Giappone: una ricerca storico-religiosa* (Roma, 1980), agli studiosi di scienze folkloriche, per i quali apre la possibilità di allargare il proprio ambito di studi ad una cultura finora rimasta tradizionalmente esclusa. Sia l'antropologo che lo yamatologo troveranno qui, poi, un'abbondante e qualificata bibliografia: il primo per accedere a materiali in lingue occidentali al di fuori del suo usuale campo di informazione, il secondo per orientarsi nei materiali in lingua giapponese, e soprattutto nell'enciclopedica produzione di Yanagita stesso.

E' grazie ad una borsa di studio concessami dal Governo Giapponese che sono stato in grado di compilare questo studio, sostenuto anche dalla gentile collaborazione di diverse Biblioteche ed Istituzioni Culturali sia in Giappone che in Italia. Mi sia concesso qui esprimere almeno la mia gratitudine alla Prof. Giuliana Stramigioli e al Prof. Luciano Petech dell'Università di Roma, come pure al Prof. Jesús López-Gay s.j. dell'Università Gregoriana, per gli incoraggiamenti e gli apprezzamenti ricevuti; ed al Prof. Mariasusai Dhavamony s.j. il ringraziamento per l'ospitalità concessami in questa Collana.

Roma, 18 aprile 1982

AVVERTENZE

1. Romanizzazione

Per la romanizzazione delle parole giapponesi si fa uso del sistema Hepburn, con le piccole modifiche adottate nel *New Japanese-English Dictionary* (Kenkyusha, Tôkyô), 4ª edizione, 1974. Tranne che per i nomi propri, tutti i termini giapponesi vengono dati in corsivo. L'uso delle maiuscole e la separazione delle parole, come è noto, nel caso della romanizzazione della lingua giapponese comportano sempre dei margini di arbitrarietà; questo vale anche per certe grafie equivalenti fra loro: ad esempio qui si preferisce costantemente « *Nihon* » a « *Nippon* », ambedue possibili letture dei caratteri che significano « Giappone ». Anche l'esigenza italiana di porre l'articolo di fronte a sostantivi giapponesi conservati nella loro dizione originale, può dare adito a scelte personali nella preferenza del maschile o del femminile.

2. Nomi e cognomi giapponesi

Nei nomi di persona, qualora si tratti di Giapponesi, il cognome precede sempre il nome personale.

3. Indicazioni storiche

La periodizzazione storica di cui si fa uso nella presente ricerca è la seguente:

Periodo Yayoi: circa 300 a.C.-250 d.C.
Periodo Heian: 794-1185 d.C.
Periodo Ashikaga: 1336-1568
Periodo premoderno, o periodo Edo, o Tokugawa: 1600-1867
Periodo moderno: 1868-1945
Era Meiji: 1868-1912
Era Taishô: 1912-1926
Era Shôwa: 1926-
Periodo contemporaneo: 1945-

4. Indicazioni geografiche

Si danno per note le seguenti entità geografiche, in riferimento alle quali viene spiegata ogni altra indicazione di luogo che compare in questo studio:
   isole: Kyûshû, Shikoku, Honshû, Hokkaidô, Okinawa
   arcipelago: Ryûkyû
   le 47 attuali prefetture amministrative del Giappone
   le città di Tôkyô, Kyôto, Ôsaka.

Nelle designazioni geografiche, l'equivalenza fra termini italiani e giapponesi è la seguente:

prefettura = -*ken*
distretto = -*gun*
città = -*shi*
cittadina = *machi*
villaggio = *mura*

5. Bibliografia

Tutte le voci bibliografiche sono elencate, distinte in alcune sezioni che rispecchiano grossomodo l'ordine di procedimento del testo, e contrassegnate da un numero progressivo, nella Bibliografia posta alla fine del volume. Nelle sezioni della Bibliografia l'ordine è alfabetico per Autori (per titoli in mancanza di Autore o nel caso di opere di uno stesso Autore). Nelle note, anziché l'indicazione bibliografica per esteso, si dà un semplice rimando al numero progressivo della Bibliografia, facendolo precedere dalla sigla B/.

6. Indici in scrittura originale giapponese

In Appendice è dato un indice alfabetico di tutti i termini ed i nomi giapponesi che compaiono nel testo e nelle note, con indicazione della scrittura originale; sono esclusi i termini ed i nomi che appartengono a voci bibliografiche giapponesi, per le quali — sempre in Appendice — è dato un apposito indice in scrittura originale. In questi due indici, all'eventuale vecchio uso del *kana* si sostituisce sempre il nuovo, e si trasformano sempre gli eventuali caratteri complessi in caratteri semplificati *standard,* o comunque di uso comune.

7. Traduzione dei titoli

I titoli di libri, riviste e articoli scritti in giapponese vengono dati — nel testo e nelle note — in traduzione italiana, anziché in romanizzazione (per questa si dovrà ricorrere alla Bibliografia, cui si fa ogni volta rimando); la traduzione è in tutti i casi personale, e quindi in certa misura aleatoria, ma si è preferita questa soluzione per non appesantire il testo con parole giapponesi, e per dare invece una prima indicazione sul senso dei titoli stessi. Solo per un paio di riviste si dà la dizione giapponese: il notissimo « *Tôkyô Asahi shinbun* » (Giornale del mattino, di Tôkyô), e la rivista letteraria « *Shigarami sôshi* » (che suona pressapoco come « Quaderni della chiusa », nel senso della cernita, della selezione). Si usa il titolo giapponese anche qualora si ritenga l'opera ormai entrata di diritto nella storia della letteratura: ma si tratta solo di due o tre casi, e mai a proposito di opere di Yanagita.

8. Glossario

I seguenti termini vengono usati — per il loro significato peculiare e tecnico — senza traduzione italiana:

haikai e *haiku* (letteralmente — ma in senso solo in parte vero — « poesia umoristica, versi leggeri »): genere di poesia tradizionale, sorta nel 15°-16° secolo, che rispetto alla precedente poesia classica si contraddistingue per un linguaggio più parlato, e — spesso — per temi più concreti e vicini alla vita

Kokinwakashû (« Raccolta di *waka* antiche e moderne »): la prima antologia poetica ufficiale, compilata nel 905 d.C., che rimase sempre uno dei modelli fondamentali della poesia classica

Kokugaku (« Sapere Nazionale »): scuola di studi letterari, storici e filosofici, sorta dal secolo 17°, che contrapponeva alla dominante cultura cinese la riscoperta della cultura indigena giapponese

matsuri: le feste comunitarie della religione *Shintô*

mukashibanashi (« racconti antichi »): i racconti popolari della tradizione orale, fra cui quelle che noi chiamiamo « fiabe »; in inglese « *folktales* »

Shinkokugaku (« nuovo Sapere Nazionale »): designazione che Yanagita diede talvolta alla propria ricerca, per indicare come essa in certo modo ricalcasse l'ispirazione della scuola *Kokugaku*

Shintô (« la via degli dèi »): la religione giapponese indigena. Sono correnti anche altre grafie occidentalizzate, che tuttavia qui non si usano: Scintoismo, Shintoismo, Shinto

tanka (« poesia breve »): la poesia giapponese classica di 31 sillabe

waka (« poesia giapponese »): la poesia giapponese classica; per lo più è nel metro di 31 sillabe, nel qual caso è sinonimo di *tanka*

zuihitsu e *zuisô* (« seguire il pennello », « pensiero vagante »): scritti occasionali, saggi sciolti e miscellanei. Genere che in Giappone ha una lunga tradizione, a mezza strada tra l'opera letteraria e lo scritto di carattere filosofico, sia pure in senso largo.

9. Abbreviazioni e grafie speciali

Buddha, Buddhismo, buddhista: si preferisce a Budda, Buddismo, buddista

NHK: sigla dell'ente radiotelevisivo di stato in Giappone (*Nihon Hôsô Kyôkai*; *Japan Broadcasting Corporation*)

shintoista: grafia scelta per l'aggettivo di *Shintô*

Teihon: indicazione corsiva di B/360.b, cioè l'edizione *standard* delle opere complete di Yanagita.

IL GIAPPONE NEL DILEMMA
FRA
TRADIZIONE E MODERNITÀ

INTRODUZIONE

Parlare di Yanagita Kunio (1875-1962) è assai più che parlare di un folklorista, sia pure del padre della moderna scienza del folklore giapponese. In quanto studioso della cultura giapponese tradizionale, egli ha toccato temi ben più vivi e centrali che non la pura ricerca di usi e costumi locali; egli ha sviluppato una sua visione organica della società, della cultura, della mentalità, della storia, della vita spirituale del suo popolo; e c'è chi lo ha proposto come uno dei massimi intellettuali del Giappone di questo secolo [1]. Del resto, anche se il paragone è per molti versi inadeguato, nemmeno nella nostra cultura è sconosciuto il fenomeno di antropologi, etnologi, folkloristi che hanno profondamente inciso sulle idee del loro tempo, e sono divenuti — almeno per un certo periodo — una sorta di « eroi culturali »[2]: Taylor e Frazer, Durkheim, Malinowski e Margaret Mead, Lévi-Strauss e — per parlare di un folklorista italiano — Ernesto De Martino. E' già una limitazione — poi — designare Yanagita come folklorista, se teniamo presente l'ambito delle sue attività e la vastità dei suoi interessi: dalla politica agraria alle tecniche di coltivazione e lavorazione rurale, dal giornalismo ai problemi della riforma sociale, dalla poesia classica alla narrativa contemporanea, dall'educazione alla lingua, dalla storia alla religione.

Nel Giappone di questi ultimi anni la figura di Yanagita è cresciuta fino alle proporzioni di un vero e proprio mito, ma cogliere il significato di questo fenomeno, e capire cosa rappresenti la produ-

---

[1] « Yanagita holds a key position in the intellectual history of contemporary Japan. Out of all the writings by Japanese intellectuals Yanagita's works are probably the most widely read and appreciated » (B/37, p. IX). « Shinmura Izuru ... placed him (Yanagita) alongside Nitobe Inazô and Watsuji Tetsurô as one of Japan's three great humanitarian scholars » (B/37, p. 17). « Yanagita Kunio ranks alongside Mori Ôgai (1862-1922) and Kôda Rohan (1867-1947) ... as one of the finest minds among the scholars and literati produced by Japan during the Meiji Era » (B/26, p. 35). « He (Yanagita) was the most widely read and the most interesting author in modern Japan » (B/33, p. 486).

[2] E' lo stesso Morse (B/37, p. 234) che ha paragonato la celebrità di Yanagita con quella di Lévi-Strauss, citando B/22.

zione letteraria e intellettuale di Yanagita nella cultura e nella società giapponese, è difficile senza tutta una serie di dati che solo in parte — e di recente — sono divenuti accessibili al lettore occidentale; ad essi, poi, in Italia non è stata ancora prestata attenzione. Qui si cercherà brevemente di ovviare a tale lacuna: inizieremo con uno schematico profilo della biografia di Yanagita; procederemo a delineare la storia della sua notorietà in Occidente, che passa anche attraverso alcuni suoi scritti o traduzioni in lingue europee; daremo una idea del dibattito che attorno a Yanagita è nato, e di alcune interpretazioni che su di lui sono state proposte; ed infine passeremo brevemente in rassegna la sua sconfinata produzione in lingua giapponese.

Capitolo Primo

LA VICENDA BIOGRAFICA DI YANAGITA E LA SUA NOTORIETA' IN OCCIDENTE

1. Prospetto cronologico-biografico di Yanagita Kunio [1]

1875: Nasce il 31 luglio in località Tsujikawa, nella cittadina di Fukusaki (allora villaggio di Tawara), nel distretto di Kamuzaki (allora Jintô), nella prefettura di Hyôgo. La sua famiglia ha nome Matsuoka. Il bisnonno Matsuoka Yû (1769-1840?) aveva iniziato una tradizione di sapere confuciano e di medicina; il padre Matsuoka Misao (1833-1896) era stato educato come il nonno, ma poi, tramutatosi in nazionalista fervente, era divenuto — sempre in strettezze economiche — prete shintoista e si era dedicato all'insegnamento; la madre si chiamava Take (1840-1896), e si era sposata nel 1859. Kunio è il sesto di otto fratelli, tutti maschi, dei quali il quarto ed il quinto (Yoshie e Tomoji) morirono in piccola età.

1878: Nasce il fratello Shizuo († 1936), che diventerà ufficiale di marina, e dopo una brillante carriera sarà il primo amministratore delle ex-colonie tedesche nei Mari del Sud (1918); ritiratosi a vita privata si interessò di linguistica e studiò i costumi delle popolazioni di Indonesia-Oceania.

1879: Kunio entra nella scuola elementare, a Tsujikawa.

1881: Nasce il fratello Teruo († 1938), che — dal 1891 a Tôkyô — studierà pittura tradizionale giapponese, e dal 1907 insegnerà alla *Tôkyô Bijutsu Gakkô* (Accademia d'Arte di Tôkyô).

---

[1] In lingue occidentali, i materiali più abbondanti e dettagliati, ma non esposti sistematicamente, sulla vita di Yanagita si trovano in B/37; in giapponese, si potrà ricorrere a B/195 e — ancor più completo — a B/193.

Per inciso si ricorda che in diverse occasioni, sia da parte di Autori occidentali che giapponesi, il cognome di Yanagita viene a volte reso come Yanagi*d*a, per quel margine di arbitrarietà nella pronuncia che è insito nel sistema ideografico. Resta comunque appurato che « Yanagita » è la pronuncia preferita dal Nostro al proprio cognome (vedi « *Japan Quarterly* », vol. 10, n. 1 [Jan.-March 1963], p. 35, nota redazionale in calce).

1883: Entra nella scuola elementare-superiore (*kôtô shôgakkô*) della cittadina di Hôjô. Muore di tifo Shunji (1864-1883), il secondo dei fratelli.
1884: La famiglia si trasferisce a Hôjô, nel vicino distretto di Kasai.
1885: Terminata la scuola elementare Kunio torna a Tsujikawa, e vive presso la ricca famiglia Miki, nella cui biblioteca inizia a leggere avidamente.
1887: Dopo una visita a Tôkyô, si stabilisce nella cittadina di Fukawa, nella prefettura di Ibaraki, sul fiume Tone, ove il fratello più grande, Kanae (1860-1934), che si era laureato in medicina all'Università Imperiale di Tôkyô, ha posto la sua casa esercitando la sua professione. Si trasferirà nel 1893 nella cittadina di Fusa, nella prefettura di Chiba, sull'altra sponda del fiume Tone. Kunio non frequenta la scuola per la sua costituzione delicata, ma passa la giornata leggendo.
1889: I genitori si stabiliscono con il figlio maggiore a Fukawa. Kunio pubblica le sue prime poesie *tanka* sulla rivista letteraria « *Shigarami sôshi* »[2].
1890: Va a Tôkyô e si stabilisce presso il terzo dei fratelli, Michiyasu (1866-1941), che dal 1877 era stato adottato nella famiglia Inoue: questi, dal 1890 a Tôkyô, studiò poesia classica e strinse attorno a sé una vasta cerchia letteraria ad altissimo livello; laureato in medicina all'Università Imperiale di Tôkyô (1891), esercitò la professione (dal 1893 al 1902 fuori Tôkyô) specializzandosi in oftalmologia, e nel contempo diventò un'autorità nella poesia e nello studio dei classici; fu anche membro della Camera Alta (1938). Kunio prende ad interessarsi di letteratura; i letterati che inizia a frequentare vanno da Mori Ôgai (1862-1922), a Ozaki Kôyô (1867-1903), a Kôda Rohan (1867-1947). In particolare stringerà forte amicizia con Tayama Katai (1871-1930), Kunikida Doppo (1871-1908), Izumi Kyôka (1873-1939), Shimazaki Tôson (1872-1943).
1891: Entra nella *Kaisei Chûgakkô*, una scuola media.
1892: Si mette alla scuola di poesia classica del maestro Matsuura Shûhei. Passa ad un'altra scuola media, la *Ikubunkan Chûgakkô*.
1893: Entra nella *Daiichi Kôtôgakkô*, una scuola superiore di prestigio, che annovera fra i suoi alunni future importanti personalità.

---

[2] B/121.

1895: Inizia a scrivere — sempre prevalentemente poesie — sulla rivista « Mondo letterario »[3].

1896: Gli muore la madre (8 luglio); gli muore il padre (5 settembre). Entra nella Kôyôkai (che suona pressapoco come « società dei colori autunnali »), gruppo letterario formato dai discepoli di Matsuura Shûhei: vi fanno parte anche Tayama Katai e Kunikida Doppo.

1897: Entra all'Università Imperiale di Tôkyô, nella facoltà di legge, dipartimento di politica (seiji: in pratica di amministrazione); di fatto si specializza in amministrazione agraria.

1898: Viaggia con gli amici Tayama Katai e Shimazaki Tôson. In autunno si ammala gravemente di febbre tifoide e sta a riposo diversi mesi.

1899: Conosce, nell'ambiente letterario, le figlie della famiglia Yanagita.

1900: Si laurea. Entra nel Ministero dell'Agricoltura e Commercio. Inizia un insegnamento settimanale all'Università Waseda, che durerà fino al 1904: il tema è « Amministrazione agraria ».

1901: E' adottato nella famiglia Yanagita, nella quale Yanagita Naohei (il padre della futura sposa) è giudice della Alta Corte. Approfondisce i problemi agrari nei quali si imbatte per il suo lavoro. Inizia i suoi viaggi di ispezione che lo porteranno in ogni parte del Giappone, e gli forniranno una occasione preziosissima per la raccolta di tradizioni ed usi locali[4]. Inizia a partecipare ai raduni di un gruppo di giovani intellettuali progressisti, la Shakai Seisaku Gakkai (Società di studi per la politica sociale).

1902: E' trasferito all'Ufficio Legislativo (Hôseikyoku), che è un ministero a sé, anche se continua ad occuparsi di problemi agrari. Inizia un'insegnamento settimanale di « Scienza della politica agraria » all'Università Senshû, che durerà fino al 1904. Continua, in questi anni, a leggere moltissimo di politica, legge, letteratura; ed anche cronache, leggende, saggistica tradizionale.

---

[3] B/113.

[4] Un elenco dettagliato dei viaggi di Yanagita dal 1901 al 1935 si può vedere in B/215, parzialmente riprodotto anche in B/109, pp. 136-143, soprattutto pp. 142-143.

1904: Sposa Yanagita Kô (1886-1972). Avrà quattro figlie: Miho (n. 1909, poi sposata Miwara), Chie (1912-1942, sposata Akaboshi), Michi (n. 1917, che poi sposerà Hori Ichirô, uno dei massimi storici giapponesi di religione, soprattutto di religione popolare), Chizu (n. 1919, poi sposata Ôta); e un figlio: Tamemasa (n. 1915).

1905: Diviene segretario della *Zenkoku Nôjikai* (Società nazionale dell'Agricoltura), poi *Teikoku Nôkai* (Società imperiale dell'Agricoltura): ed in questa qualità prosegue ed intensifica la sua attività di ispezioni, incontri e conferenze in tutto il paese.

1906: Visita la prefettura di Tochigi per ricercare le tracce degli antenati della sua famiglia adottiva. Continua la sua partecipazione alle cerchie letterarie, soprattutto alla *Ryûdokai* di Kunikida Doppo, iniziata nel 1902.

1907: All'interno della *Ryûdokai* dà vita ad una *Ipusenkai* (Società Ibsen), che avrà vita per circa un anno, progettando anche la pubblicazione di una rivista; vi partecipa anche Osanai Kaoru (1881-1928), il padre del moderno teatro giapponese. Inizia corsi settimanali di « Politica agraria » alla Università Chûô.

1908: In aggiunta al suo ufficio, diviene segretario del *Kunaishô* (Ministero della Casa Imperiale). Visita il Kyûshû, raccogliendo i materiali che nel 1909 saranno pubblicati come *Registrazione di parole di caccia ancora in uso*[5].

1909: Visita la cittadina di Tôno (prefettura di Iwate), sul quale sta preparando una raccolta di leggende ascoltate l'anno precedente da Sasaki Kizen, studente originario di quel luogo; il libro uscirà nel 1910: *Leggende di Tôno*[6].

1910: Gli viene affidato anche l'incarico di capo della sezione archivio nella Segreteria del Gabinetto (*Naikaku Shokikan Kirokukachô*); ha così accesso alla Biblioteca del Gabinetto (*Naikaku Bunko*), ove trova e legge documenti locali inediti in grande quantità. Entra nella *Kyôdokai* (o *Kyôdo Kenkyûkai*: Società per gli studi locali) promossa in questo stesso anno da Nitobe Inazô (1862-1933), che inizialmente era rivolta soprattutto all'economia rurale, e raccoglieva un gruppo di

---

[5] B/314.a.
[6] B/362.a.

giovani intellettuali assai preparati. Conosce il folklorista e biologo Minakata Kumagusu (1867-1941), ed inizia con lui un ricco scambio di lettere. Pubblica *Domande e risposte sulle divinità di pietra*[7], e *Il nostro tempo e la politica agraria*[8]; quest'ultimo è una compilazione di vari interventi già pubblicati negli anni precedenti. Inizia ad insegnare settimanalmente « Politica agraria » all'Università Hôsei.

1912: Inizia a leggere *Il ramo d'oro* di Frazer.

1913: Diviene Capo Segretario dell'Ufficio Legislativo, nel quale già lavorava. Con Takagi Toshio inizia la pubblicazione della rivista « *Studi locali* »[9] della quale dall'anno successivo diventerà unico responsabile e maggiore contributore, fino alla sua cessazione nel 1916, dopo 48 numeri. Continuano intense le sue letture di folklore ed antropologia occidentale, soprattutto inglese.

1914: Diviene Capo Segretario della Camera Alta (*Kizokuin Shokikanchô*).

1915: Diviene funzionario dell'Ufficio per le Cerimonie Imperiali (*Taireishi Jimukan*), e partecipa ai riti di intronizzazione dell'Imperatore Taishô.

1916: Origuchi Shinobu (1887-1953), folklorista e studioso delle antichità letterarie, inizia a frequentare Yanagita.

1917: Visita Taipei, la Cina e la Corea.

1918: Attraverso il fratello Shizuo inizia ad interessarsi alle Indie Olandesi. Vuole fondare una società per i rapporti sino-giapponesi.

1919: Inizia a studiare l'olandese, che si aggiunge al francese e soprattutto all'inglese appresi durante gli anni della scuola. Continua intensissima la lettura di libri occidentali di folklore. Si dimette da Capo Segretario della Camera Alta per contrasti con il Presidente della medesima, Tokugawa Iesato.

1920: Viene ingaggiato dal gruppo editoriale *Asahi Shinbun,* ma domanda qualche anno di tempo per viaggiare prima di prendere effettivo servizio. Dei suoi viaggi cominciano a venire pubblicati numerosi resoconti o diari, incentrati sugli usi locali, secondo un tradizionale genere letterario che è a mezza

---

[7] B/249.a.
[8] B/251.a.
[9] B/118.

strada tra la narrativa e la saggistica. Si reca anche ad Okinawa.

1921: Viaggia e tiene conferenze, come suo solito. Accetta l'incarico di membro nella delegazione giapponese alla Società delle Nazioni a Ginevra. Parte in nave via Pacifico, e ritorna in Giappone nello stesso anno (via Suez), dopo avere acquistato un gran numero di libri.

1922: Si inaugura un *Nantô Danwakai* (Circolo di studi sulle Isole del Sud), con la partecipazione di numerosi studiosi di varie discipline; Yanagita vi prende parte, poiché è da tempo interessato al tema, da antropologo e folklorista. Torna a Ginevra per un'altra seduta della Commissione Permanente sui Mandati (ex-Colonie) presso la Società delle Nazioni. Viaggia in Europa.

1923: Viaggia ancora l'Europa, è due volte in Italia, e per tre mesi circa attende settimanalmente a lezioni di italiano. Si interessa assai all'esperanto. Ascolta lezioni universitarie a Ginevra. Torna in Giappone dopo un'ultima sessione della Commissione sui Mandati, e dopo avere appreso la notizia del grande terremoto di Tôkyô. Dà le dimissioni dalla Società delle Nazioni. In casa propria inizia un circolo di studio sul folklore, cui partecipa una decina di studiosi.

1924: Inizia il suo lavoro di editorialista per il giornale « *Tôkyô Asahi shinbun* »: vi contribuirà regolarmente, con uno o due pezzi la settimana, fino al 1930. Inizia a dare lezioni di « *Minkan denshô* » (Tradizioni popolari) all'Università Keiô; continuerà fino al 1929.

1925: All'Università Waseda inizia un corso di « Storia della popolazione contadina », che durerà circa due anni. Assieme ad un gruppo di giovani vicini a lui, Yanagita inizia e dirige il bimestrale « *Stirpe* »[12], dedicato soprattutto alla raccolta di materiali; durerà fino al 1929.

1926: Continua a ritmo sempre più intenso la sua attività di viaggi, di conferenze ad associazioni locali, clubs ed università, di editoriali, di organizzazione e partecipazione a gruppi di studio e società di ricerca, di raccolta e pubblicazione di materiali riguardanti usi locali e tradizioni popolari.

1927: Si trasferisce in una casa di nuova costruzione (sempre in

---

[10] B/120.

Tôkyô), indipendente da quella della famiglia adottiva Yanagita, nella quale non gli era stato dato molto spazio. Abiteranno con lui per quasi due anni alcuni discepoli; la casa è praticamente adibita a studio per le sue letture al termine degli impegni della giornata.

1928: Riunisce una società per lo studio dei dialetti.

1930: Si dimette dal gruppo editoriale *Asahi Shinbun,* e si dedica completamente alla fondazione e al consolidamento di una organica disciplina del folklore. Pubblica *Considerazioni sulla chiocciola* [11], una fondamentale ricerca sui dialetti.

1931: Pubblica una storia sociale del periodo Meiji e Taishô [12], nella quale — obbedendo peraltro al tema assegnatogli nel piano della collana — viene posta attenzione esclusivamente alla gente comune come protagonista del divenire storico.

1932: Muoiono prima la madre adottiva, poi il padre adottivo di Yanagita. All'Università Imperiale di Tôkyô inizia delle lezioni di « *Minzokugaku* » (Scienza del folklore); dureranno fino al 1935. Attorno a Yanagita inizia a formarsi un gruppo inizialmente chiamato *Kyôdoseikatsu no Kenkyûhô no Kai* (Società per il Metodo di Ricerca della Vita Locale).

1933: Inizia con Higa Shunchô, specialista del folklore di Okinawa, la rivista « *Isole* » [13], rivolta al rapporto tra cultura giapponese e cultura delle isole del Pacifico; durerà fino al 1934. Inizia raduni settimanali dei suoi discepoli, ogni giovedì mattina; ad essi tiene una serie di lezioni metodologiche, pubblicate l'anno seguente come *Teoria delle tradizioni popolari* [14].

1934: Il gruppo dei discepoli si costituisce in *Mokuyôkai* (Società del Giovedì), o *Minkan Denshô no Kai* (Società delle Tradizioni Popolari); successivamente (dal 1949, ed esistente fino ad oggi) diventerà *Nihon Minzoku Gakkai* (Società Giapponese di Folklore). Apre la propria biblioteca come *Kyôdoseikatsu Kenkyûjo* (Istituto di Ricerca sulla Vita Locale), che nel 1947 diventerà *Minzokugaku Kenkyûjo* (Istituto di Ricerca per il Folklore). Tiene una serie di lezioni all'Università Imperiale di Kyôto. Inizia, organizzata dal suo gruppo, una ricerca — che durerà tre anni — per raccogliere sistematica-

---

[11] B/255.a.
[12] B/339.a.
[13] B/122.
[14] B/282.

mente usi e tradizioni in una sessantina di villaggi di montagna in tutto il Giappone.

1935: Dà inizio alla rivista « *Tradizioni popolari* »[15], che presto diviene un prezioso organo di collegamento con tutta una rete di studiosi dilettanti di folklore, dispersi nell'intera nazione. Attorno a questo periodo, il termine « *minzokugaku* » inizia a sostituire quello di « *minkan denshô* » per indicare la scienza del folklore.

1936: Organizza una raccolta, che durerà tre anni, di fiabe e racconti popolari su scala nazionale.

1937: Inizia la rilevazione sistematica della vita tradizionale in una serie di villaggi di pescatori, analoga a quella già svolta per i villaggi di montagna.

1941: Riceve il « Premio Asahi della Cultura » per il 1940, a motivo della sua opera di fondazione e propagazione della scienza del folklore giapponese. All'Università Imperiale di Tôkyô tiene una serie di lezioni, che l'anno seguente sarà pubblicata come *I matsuri del Giappone*[16].

1945: Sul finire della guerra scrive *Sui nostri antenati*[17], che compare l'anno successivo.

1946: Viene nominato membro del Consiglio Privato dell'Imperatore (*Sûmitsu Komonkan*), organo consultivo provvisorio (sarà abolito nel maggio 1947) dell'Imperatore sugli affari di stato, ove Yanagita partecipa soprattutto alla stesura di indicazioni fondamentali in campo di educazione.

1947: I settimanali incontri del giovedì vengono interrotti, e i raduni del gruppo di Yanagita si tengono a domeniche alterne. Yanagita è ascoltato da una Commissione della Camera Bassa come esperto sulle tradizionali usanze del diritto di famiglia, che si trattava di riformare. E' eletto membro del *Geijutsuin* (Accademia Giapponese d'Arte).

1949: Diviene membro del *Gakushiin* (Accademia Giapponese); diviene membro onorario della *American Anthropological Association*.

1950: Accetta l'incarico di professore nella Università Kokugakuin di Tôkyô, anche se di fatto non insegna quasi mai.

---

[15] B/119.a.
[16] B310.a.
[17] B/338.

1951: E' insignito, dal governo, dell'Ordine della Cultura (*Bunka kunshô*).
1952: Prende parte ad una importante conferenza di studio ove umanisti e scienziati discutono della storia della coltivazione del riso, come contributo alle indagini sulle origini della cultura giapponese; parteciperà pure alle altre due sessioni che si terranno negli anni successivi.
1953: Diviene membro del Comitato per la Conservazione dei Beni Culturali (*Bunkazai Hozon Shingi Iinkai*).
1956: All'inizio dell'anno — ormai ottantaduenne — annuncia che non parteciperà più ai raduni di studio che si tenevano nel suo Istituto di Ricerca per il Folklore. La sua attività di conferenze, interventi radiofonici, partecipazione a raduni scientifici si dirada.
1957: Decide di chiudere l'Istituto di Ricerca per il Folklore, cedendo la propria biblioteca alla vicina Università Seijô. E' insignito del « Premio NHK » per la sua opera nella raccolta dei dialetti.
1961: Inizia la pubblicazione delle sue opere complete [18]. Appare *La via sul mare* [19], il suo ultimo libro.
1962: Il 3 maggio si festeggia ufficialmente il suo 88° compleanno, ed in quell'occasione viene istituito un « Premio Yanagita Kunio », con il quale la Società Giapponese di Folklore darà riconoscimento annuale a coloro che contribuiscono agli studi di folklore giapponese. Yanagita muore il giorno 8 agosto. E' sepolto nella città di Kawasaki (Kanagawa-*ken*), nel parco *Shunshûen*.

2. *I primi scritti di Yanagita comparsi in inglese*

Yanagita si recò in Europa nel 1921-1923, ma non fu allora — taciturno visitatore e attento ascoltatore — che si rese noto agli Occidentali. Se vogliamo risalire così indietro nel tempo, dovremo caso mai menzionare gli Occidentali che lo conobbero in Giappone: non tanto i lettori dei giornali che là si pubblicavano in lingua inglese, i quali lo potevano vedere menzionato o per meriti di servizio nella burocrazia statale [20], o come figura che compariva nello scena-

---

[18] B/360.a.
[19] B/256.a.
[20] Nel 1912 Yanagita fu decorato dallo Zar con il Secondo Ordine di S. Anna.

rio di eventi memorabili [21], o come personalità che ricoprì cariche pubbliche di secondo piano ma certamente elevate, trovandosi a volte al centro di fatti piuttosto clamorosi, come le sue improvvise dimissioni da Capo Segretario della Camera Alta [22]; tutti questi sono dopotutto più che altro fatti di cronaca che hanno sì un significato nella vita e nell'opera di Yanagita, ma in modo assai obliquo.

Fra i pochi Occidentali che già in quei primi decenni del secolo vennero a contatto con la statura intellettuale di Yanagita, vi fu forse Lafcadio Hearn (1850-1904) (poi naturalizzato giapponese col nome di Koizumi Yakumo), professore di letteratura inglese a tutta una generazione formatasi all'Università Imperiale di Tôkyô; egli però morì troppo presto per anche solo intravvedere gli esiti di questo suo alunno, il quale pure — con altri ex-condiscepoli — continuava a ricordarlo [23]. Soprattutto, fin da quegli anni, lo conobbe e lo apprezzò J. W. Robertson Scott (1866-1962) [24], giornalista radicale inglese ed esperto di problemi agrari, che si recò in Giappone dal 1914 al 1919, stringendo legami con i maggiori pensatori liberali, fondando la rivista bilingue «*The New East*», entrando in stretta amicizia proprio con Yanagita [25], dal quale fu accompagnato in diversi viaggi attraverso il Giappone, ricavandone dati per intere sezioni del suo *The foundations of Japan* (1922) [26]. Yanagita e Robertson Scott si incontrarono ancora nel 1923, quando il primo si recò in Inghilterra, e poi si scrissero sino alla morte; ma non fu questa amicizia, né quella col russo Nikolai Aleksandrovich Newskii (1892-1938) —

---

per il suo contributo — all'interno dell'amministrazione giapponese — a risolvere i problemi pendenti dopo il conflitto russo-giapponese a proposito dei materiali di guerra catturati dai Giapponesi (B/37, p. 34). Circa un anno dopo fu decorato dal governo norvegese Comandante dell'Ordine di S. Olav, per il contributo alla stipulazione del trattato commerciale nippo-norvegese (B/37, p. 59).

[21] Yanagita rese servizio ai funerali dell'Imperatore Meiji (1912), e fu Maestro delle Cerimonie Imperiali per l'intronizzazione dell'Imperatore Taishô (B/37, p. 59).

[22] B/37, pp. 66-67; cfr. «*Japan Times*», Dec. 24, 1919.

[23] B/37, p. 60.

[24] Tutti questi dati su Robertson Scott sono presi da B/37, pp. 59 ss.

[25] Yanagita tradusse in giapponese — di Robertson Scott — *The ignoble warrior: a collection of facts for the study of the origin and conduct of the War*, un opuscolo volto ad illustrare le atrocità tedesche nel corso della Prima Guerra mondiale; fu pubblicato nel 1916 in edizione bilingue. Forse Yanagita tradusse pure, sempre di Robertson Scott, *Japan, Great Britain and the World* (1916).

[26] Questa è forse la prima opera occidentale nella quale il nome di Yanagita compare con un certo rilievo, anche se egli dopotutto a quel tempo doveva ancora precisare ed approfondire i suoi interessi.

studioso di linguistica comparata che fu in Giappone dal 1915 al 1929 e che godette dell'assistenza di Yanagita [27] — che portò all'attenzione degli studiosi occidentali il nome di Yanagita. Alcuni decenni dovevano ancora passare.

Nel frattempo, avevano iniziato a comparire brevi interventi di Yanagita in inglese, in ogni caso traduzioni di testi già pubblicati in Giappone; si tratta anzitutto di due contributi su «*Present Day Japan*», risalenti al periodo in cui Yanagita era collaboratore del prestigioso «*Tôkyô Asahi shinbun*»: il primo [28] svolge un tema di generico interesse culturale, l'altro [29] è diretto ad illustrare brevemente le due maggiori celebrazioni — in ambito familiare — nel corso dell'anno in Giappone, e cioè il Capodanno ed il *Bon* (o «Festa dei morti», o «Festa delle lanterne»).

Seguirono, tra il 1934 ed il 1943, altri sei articoli, uno su «*Travel in Japan*» [30] a proposito di alcune credenze popolari connesse col Capodanno, e cinque — più consistenti rispetto a quelli finora citati — su «*Contemporary Japan*». Quest'ultima è una di quelle riviste di cultura generale — non estinte neppure oggi — le quali, gestite da Giapponesi, adempiono al duplice compito di fornire in inglese gli elementi essenziali per la conoscenza e l'aggiornamento sul mondo giapponese, permettendo nello stesso tempo ai responsabili di regolarne l'immagine verso l'esterno; ed è indubbio che anche «*Contemporary Japan*» abbia fatto — negli ultimi dieci anni prima della sconfitta nella Seconda Guerra mondiale — da cassa di risonanza alle idee del governo: tuttavia da questo punto di vista, che siano stati scelti (o eventualmente sollecitati) contributi di Yanagita non significa che egli si sia prestato ad operazioni ideologiche o a compromessi con il regime che condusse alla guerra; responsabilità dalla quale egli è per comune giudizio ritenuto esente, anche se per taluni — ma probabilmente a torto, come vedremo — il suo interesse antiquario ha il tono di un conservatorismo nazionalistico e reazionario.

Rispetto alla sterminata produzione di Yanagita, quei cinque articoli sono di per sé insignificanti, ma ci offrono ugualmente un utile approccio. Se quello sulle leggende e credenze concernenti al-

---

[27] B/37, p. 62.
[28] B/75.
[29] B/72.a. Il medesimo articolo ricomparve quattro anni dopo su un'altra rivista (B/72.b).
[30] B/71.

cuni animali — soprattutto i gatti — [31] è poco più che una compilazione di dati con appena qualche cenno di interpretazione e ricostruzione storica, quella invece su due racconti di leggendarie isole sommerse [32] si impone per la lucidità delle ipotesi di derivazione storica, per la particolare attenzione comparativa in grado di tenere desto l'interesse del lettore europeo, e per la concisa ma profonda convinzione — là espressa — che le leggende popolari meritano di essere conosciute ed apprezzate non per esotismo e tanto meno come esempi di oscurantismo, bensì come testimonianza — in chiave sostanzialmente romantica — del potente effetto esercitato sulla immaginazione dell'uomo primitivo dalle manifestazioni della natura. Un profondo valore spirituale è da Yanagita espressamente collegato ad una serie di usanze tradizionali giapponesi riguardanti il cibo che vengono illustrate in un altro di quei contributi [33]: gli scambi di doni sotto forma di cibi cerimoniali — così diffusi in Giappone — hanno come oggetto quello di rafforzare i vincoli sociali di mutua dipendenza, e costituirebbero per Yanagita una peculiare manifestazione di universale fraternità, un valore spirituale che il Giappone può offrire al mondo. Sempre nello stesso contesto, Yanagita coglie l'occasione per mettere in cattiva luce — come non autenticamente tradizionali, bensì venute dall'esterno e principalmente dal Buddhismo — molte delle restrizioni alimentari penetrate fin dai tempi antichi fra il popolo; e soprattutto esordisce con alcune affermazioni di principio sulla natura e le prospettive dello studio del folklore in Giappone: a differenza che nelle nazioni occidentali, il folklore giapponese non è ridotto a pochi ed oscuri relitti di un modo di vivere antico, bensì è ancora presente in forma onnipervadente, e lo si potrebbe quasi considerare parte integrante della cultura di oggi se non fosse che il significato di quelle pratiche e di quei comportamenti — troppo ovvio in passato per essere stato studiato e spiegato — ora sta diventando oscuro; folklore è tutto ciò che non trova spiegazione nella moderna cultura giapponese ma che sussiste perché — trasmesso di generazione in generazione — è stato incorporato nel modo stesso di vivere dei Giapponesi: situazione questa che esige uno studio accurato per evitare che l'importanza culturale di tali comportamenti cada in oblio, e la nazione si trovi — senza accorgersi — priva di quei fondamento che invisibilmente la sostenevano.

---

[31] B/63.
[32] B/64.
[33] B/61.

Più impegnativo è — sempre su «*Contemporary Japan*» — l'articolo del 1943[34]: una vera e propria sintesi storica — assai più organica delle dopotutto frammentarie raccolte di dati costituite dai contributi precedenti — sulla feste della religione indigena giapponese, i *matsuri* dello *Shintô*; egli vuole sottolinearne l'importanza come momenti centrali della vita religiosa e sociale tradizionale, respingendo continuamente — perché successivi ed inautentici — quegli sviluppi che ne hanno accresciuto il carattere esteriore di divertimento e di spettacolo. E vi è infine un altro intervento[35], assai interessante per rendersi conto in che vasto senso Yanagita si interessasse di folklore e di vita tradizionale: egli documenta, rifacendosi principalmente al suggestivo criterio della crescita e del declino delle famiglie nella loro continuità generazionale, la mobilità fra le quattro classi sociali del periodo premoderno, allo scopo di confutare l'impressione — non solo fra gli stranieri — che in Giappone vigesse una tradizionale suddivisione di caste chiuse: la sua tesi principale è che i guerrieri erano in passato coltivatori, solo più tardi dedicatisi — con progressive trasformazioni e non senza resistenze — unicamente alla attività militare; in questa luce egli può vedere il parziale rimescolamento delle classi sociali verificatosi alla fine del periodo Tokugawa come il riemergere di una situazione temporaneamente e artatamente soppressa.

E' certamente frammentaria ma significativa — dunque — la immagine che di Yanagita possiamo ricavare dai suoi scritti pubblicati in inglese fino agli inizi degli anni '40; tanto più se vi aggiungiamo una breve compilazione di fiabe e leggende rappresentative[36], ed una estesa recensione non firmata — comparsa essa pure su «*Contemporary Japan*» — ad un suo libro[37] che tratta delle tradizionali usanze matrimoniali in passato (e talvolta ancora oggi) in vigore al di fuori delle classi dominanti, per concludere che — contrariamente a quanto si potrebbe desumere da una visione affrettata e superficiale — nella cultura giapponese il matrimonio non ha costituito una forma di schiavitù per la donna, bensì è stato un luogo di affetti, di solidarietà e di gioia. Yanagita, insomma, si rivela già uno studioso della storia, della società, della cultura materiale, del patrimonio orale, delle credenze e dei rituali; il tutto con dei precisi punti

---

[34] B/62.
[35] B/69.
[36] B/73.
[37] B/28.

di vista che vengono privilegiati, quali il mondo tradizionale con i suoi valori e la vita spirituale che ne costituiva l'anima; e con la meno definita ma non per questo meno pressante finalità di offrire ai suoi connazionali dei suggerimenti, dei riferimenti, dei modelli per un Giappone che praticamente dai tempi della Restaurazione Meiji era ancora in cerca di una sua strada e di un suo futuro.

Esposto in modo così succinto, il programma di Yanagita potrebbe anche suonare come velleità ideologica di un pubblicista di corto respiro: in realtà esso era il condensato di un itinerario ben più vasto, sorretto da 20 anni di esperienza nella politica amministrativa dello stato, dalla penna di un letterato, da una erudizione immensa, dal metodo scientifico di una nuova disciplina che lui stesso aveva creata.

3. L'inizio della notorietà di Yanagita in Occidente

E' proprio per l'ultimo degli aspetti sopra elencati che Yanagita iniziò ad attirare positivamente l'attenzione degli studiosi, e non più di semplici lettori interessati al mondo giapponese, ai quali di quando in quando veniva offerto un articolo di Yanagita.

La storia della nascita — nel mondo occidentale — delle scienze antropologico-etnologiche da una parte, e di quelle folkloriche dall'altra abbraccia una tale mole di dati, di dibattiti, di problemi — la cui rilevanza culturale è difficile sopravvalutare — che nemmeno una monografia voluminosa è ormai più in grado di esaurire [38]; noi caso mai ci muoveremo all'interno dell'ulteriore argomento, esso pure ampio ma non così sconfinato, del trapianto o della nascita di quelle medesime discipline nel Giappone moderno [39]. Qui ci interesseremo solo della notorietà che Yanagita ricevette in Occidente, ed indirettamente di quanto sul folklore giapponese è stato scritto in lingue occidentali. Perciò basterà registrare che già nel 1935, quando il celebre etnologo e storico delle religioni Wilhelm Schmidt (1868-1954), il fondatore della Scuola Storico-Culturale di Vienna, si interessò momentaneamente al Giappone, egli intravvide nello studio del folklore di quel paese un promettente tesoro di informazioni — assai più fecondo che il puro studio dell'arcaica documentazione lettera-

---

[38] Come minimo si dovranno vedere per l'etnologia B/4, B/3; per il folklore B/7, B/11, B/10.

[39] Per l'etnologia e l'antropologia culturale: B/45 e B/46; per il folklore, i titoli citati nelle note seguenti.

ria— per la ricostruzione dell'antica cultura giapponese, o meglio per la individuazione della sua collocazione all'interno di quella teoria geografico-etnologica prettamente diffusionistica per cui lo Schmidt lavorava. Ed in un'opera non molto nota [40] ma significativamente pubblicata da un'istituzione governativa giapponese per la promozione all'estero della cultura nazionale, Schmidt prospettava le enormi possibilità che si aprivano alla nascente disciplina del folklore, e precisamente a quella di cui Yanagita in quegli anni andava esplicitamente e formalmente ponendo le basi.

Se sarebbe esagerato, alla luce di una analisi più attenta, identificare *tout court* la scuola di Yanagita con gli studi giapponesi di folklore, questa fu e rimane per molti versi l'impressione che regna da noi; fenomeno in certo senso curioso, del quale se cercassimo le cause dovremmo probabilmente dire in primo luogo che fu merito di Yanagita stesso dare alle sue ricerche un indirizzo sicuro, una vastità organica, una vitalità spirituale prima sconosciuti; ma dovremmo anche aggiungere, in secondo luogo, che Yanagita aveva velatamente ma sostanzialmente attinto a principi e metodi della scienze antropologico-folkloriche occidentali, così che la nuova disciplina da lui propugnata — senza perdere un suo carattere assai autoctono del quale in Giappone tutt'oggi si va assai fieri — rivelava indubbie affinità e corrispondenze con gli studi occidentali. Fatto sta che nelle lingue europee, ogni volta che si tracciò un quadro degli studi di folklore in Giappone — per diverso tempo quasi nulla più che questo trapelò da noi a proposito di ciò che su questo argomento scrivevano gli autori giapponesi [41] — Yanagita grandeggiava con crescente imponenza. Fu così che Matthias Eder (1902-1980), discepolo dello Schmidt e come lui missionario della Congregazione del Verbo Divino, fondatore a Pekino dal 1942 di una pionieristica rivista dal titolo « *Folklore Studies* » poi trasferitasi in Giappone ed in seguito precisatasi maggiormente nel titolo (« *Asian Folklore Studies* »), già nel 1944 traduceva — nel settantesimo compleanno di Yanagita — una storia degli studi di folklore in Giappone scritta da Yanagita stesso [42], probabilmente complessa al di là di quanto

---

[40] B/43; le medesime idee sono state ribadite in sintesi in B/42, pp. 311-312.

[41] Non mancavano naturalmente gli scritti di studiosi occidentali — spesso, specie all'inizio, dilettanti — a proposito del folklore giapponese: ma essi erano più che altro episodici, necessariamente parziali, il più delle volte anche involontariamente puntati sull'esotico.

[42] B/68. L'originale giapponese era B/306; non è stato incluso nel *Teihon*, forse

l'Occidente fosse in grado allora di intendere, e nella quale Yanagita svolge un ruolo di grande rilievo, anche se il testo è inteso in senso tutt'altro che celebrativo della sua figura.

La rivista «*Folklore Studies*» rimase poi per numerosi anni praticamente l'unico filo diretto tra ricerche giapponesi di folklore e mondo scientifico occidentale [43]; nei suoi articoli, e soprattutto nelle sue recensioni e nelle sue cronache [44] l'importanza della scuola di Yanagita si andava configurando in modo assai netto, anche se solo di rado ciò avveniva direttamente: si potrà ricordare ad esempio un contributo sulla storia della scienza del folklore nel secondo dopoguerra, opera di Naoe Hiroji [45]. Poi, a partire dagli anni '50, il nome di Yanagita lo si vide sempre più comparire nelle bibliografie e nelle cronache di folklore, religione ed etnologia giapponese [46]. Il fatto nuovo era che si cominciava a stampare il suo nome non solo in testi francesi o soprattutto inglesi, ma che ciò avveniva ormai anche fuori dal Giappone: poiché è innegabile che allora — e per molti aspetti anche oggi — ciò che si stampava in Giappone, sia pure in inglese, conservava sempre una diffusione assai limitata; perciò ad esempio era un salto qualitativo notevole che l'articolo di Naoe Hiroji comparso nel 1949 su «*Folklore Studies*» venisse ripreso nel 1953 dalla rivista americana «*Midwest Folklore*» [47].

Fu proprio dall'America che dalla fine degli anni '50 venne un nuovo riconoscimento scientifico all'opera di Yanagita: Richard Dorson, uno dei massimi folkloristi e storici del folklore statunitensi, trascorse un anno (1956-1957) in Giappone, frequentando Yanagita e familiarizzandosi con le sue ricerche; di lì nacque una serie di interventi e di pubblicazioni [48] che più di ogni altro fra quelli fino ad ora citati hanno contribuito alla definitiva notorietà di Yanagita in Occidente. Fra questi contributi di Dorson va ricordato esplicitamente,

---

perché non considerato opera di Yanagita in senso stretto; di fatto esso fu steso materialmente da uno stretto studioso discepolo di Yanagita, Ôtô Tokihiko.

[43] Nel 1923-1924 vi era stata una rivista dalla vita brevissima (solo un volume, 12 numeri) ma che aveva prodotto due significativi contributi al nostro tema: si tratta di «*Japon et Extrême-Orient*», sul quale erano comparsi B/31 e B/18.

[44] Particolarmente importante è B/17.

[45] B/39.a.

[46] B/44, B/1, B/5, B/6.a, B/6.b, B/23. Ed anche in ambito più vasto: B/21, B/2.

[47] B/39.b.

[48] B/12.a (riprodotto anche altrove: B/12.b), B/9, B/13, B/14.

come una vera pietra miliare, quello [49] che introduceva una splendida raccolta di saggi [50] da parte dei massimi folkloristi giapponesi del momento, finalmente conosciuti in brevi ma sintetici e significativi articoli: quella introduzione è una sorta di utilissima ambientazione bibliografica (quasi esauriente per quel che riguarda le lingue occidentali) negli studi giapponesi di folklore. Dorson poi cercò attivamente di promuovere un rapporto di stretta collaborazione tra folkloristi americani ed asiatici, in particolare giapponesi [51], riunendo anche una *Society of Asian Folklore* fra studiosi occidentali [52], che per un certo periodo fu anche corresponsabile [53] della rivista « *Asian Folklore Studies* ». Dorson insomma offriva il suo contributo di esperienza alla più giovane disciplina giapponese — dal 1962 priva del suo fondatore — per assisterla, aiutarla a consolidarsi su basi il più possibile omogenee con quelle dei folkloristi occidentali, così che un eventuale lavoro comparativo — per il quale però Dorson non sente eccessiva urgenza — non si riveli troppo difficile, e così che nel loro complesso le scienze folkloriche rafforzino la loro spesso contestata posizione all'interno del mondo accademico.

4. *Traduzioni di opere di Yanagita*

A ritmo più lento, ovviamente, è iniziato il lavoro di traduzione dell'opera di Yanagita, che tutt'oggi ricopre solo una parte minima della sua produzione. Possono esservi disaccordi su quale sia stata la prima opera di Yanagita tradotta in inglese [54] dopo la guerra: infatti nel 1952 Fanny Hagin Mayer traduceva e pubblicava su « *Folklore Studies* » una antologia di racconti popolari giapponesi raccolti e curati da Yanagita [55], riprodotta nel 1954 in forma di

---

[49] B/8.

[50] B/50.

[51] Segni di attenzione — da parte di Giapponesi — agli studi americani sul folklore giapponese sono, a loro volta, arrivati (B/48).

[52] B/15. Anche se la *Society of Asian Folklore* non sembra essere sopravvissuta come istituzione organizzata, si è comunque formato un corpo di studiosi di folklore asiatico che ha una sua consapevolezza e dei canali di comunicazione (cfr. B/41).

[53] Il responsabile principale di « *(Asian) Folklore Studies* » è sempre stato — fino alla morte nel 1980 — il prof. Eder, in nome della Congregazione del Verbo Divino, o dell'Università Nanzan di Nagoya (Aichi-*ken*), che di quella Congregazione è emanazione.

[54] Salvo espressa specificazione contraria, in questo contesto « tradurre » significa sempre « tradurre dal giapponese *in inglese* ».

[55] B/65.a; l'edizione giapponese sulla quale fu operata la traduzione è B/309.c.

libro [56]; e nel 1966 la stessa Mayer riproponeva la traduzione di un'altra antologia — solo in parte coincidente con la prima — curata sempre da Yanagita [57]. Tuttavia si tratta di testi che al massimo Yanagita ha rivisto nella dizione, ma che evidentemente egli non ha composto, se si eccettuano poche parti, come — nella traduzione del 1954 — la prefazione all'edizione inglese e l'introduzione alle due precedenti edizioni giapponesi, e — nella traduzione del 1966 — la prefazione all'originaria edizione giapponese. Se queste traduzioni furono possibili, ciò fu certo più dovuto alle oggettive prospettive commerciali di una raccolta di favole giapponesi, piuttosto che al nome del o all'interesse per il suo compilatore.

Diverso è il discorso che dobbiamo fare per altri tre importanti lavori. Nel 1954 vennero tradotti, ma rimasero assai poco noti perché non furono stampati e restarono disponibili solo sotto forma di microfilm, i risultati di due pionieristici sforzi di raccolta di dati sul campo, operati dal gruppo di Yanagita: una indagine completa sulla vita tradizionale in una sessantina di villaggi di montagna [58], ed una analoga ricerca su una trentina di villaggi costieri di pescatori [59]: i dati, catalogati sotto alcune voci, non sono rielaborati più approfonditamente, ma contribuiscono ugualmente a dare un'immagine della cultura tradizionale fra le comunità dei montanari e dei pescatori, proprio per l'esplicita scelta di località disperse in tutta la nazione. Nel 1958, poi, sempre sotto forma di microfilm fu tradotto un dizionario di folklore [60] comprendente circa 900 voci, e compilato dalla cerchia dei discepoli di Yanagita riuniti nell'Istituto di Ricerca per il Folklore: si trattava comunque di tre opere redatte sotto la supervisione di Yanagita, che raccoglievano e presentavano importanti risultati della sua scuola, ma non potevano ancora essere detti sua produzione letteraria in senso stretto.

Fu nel 1957 che — all'interno di una serie di volumi sulla cultura del periodo Meiji — fu tradotta un'opera interamente scritta da Yanagita nel 1931 [61], dedicata ai vari aspetti della tradizionale vita sociale, religiosa e individuale della popolazione giapponese fra la fine dell'Ottocento e l'inizio del Novecento: una sorta di storia

---

[56] B/65.b.
[57] B/66; l'edizione giapponese sulla quale fu effettuata la traduzione è B/309.f.
[58] B/51. L'originale giapponese era B/332.a.
[59] B/49. L'originale giapponese era B/259.a.
[60] B/27. L'originale giapponese era B/285.
[61] B/67. L'originale giapponese era B/339.a.

scritta dal punto di vista del gruppo e dell'uomo comune, contrapposta alla storia intesa come frutto delle azioni di una piccola *élite*. Questa traduzione tuttavia non si presenta con i necessari *standards* di serietà scientifica, perché il testo è stato rivisto e semplificato a discrezione del traduttore, nell'intenzione — forse legittima da un punto di vista commerciale ma certo discutibile sotto molti altri — di rendere l'opera più semplice e più accessibile al lettore occidentale.

Fino alla morte di Yanagita, quasi più nulla della sua produzione comparve in inglese, se non alcuni brevi interventi, scritti — è verosimile — direttamente per i lettori occidentali: due note sulla introduzione storica del riso in Giappone e sui riti connessi alla sua coltivazione [62]; e quattro pagine, pubblicate l'anno seguente la sua morte, di apertura alla già citata edizione inglese di una raccolta di saggi dei suoi discepoli [63]: in esse egli addita come uno dei maggiori obiettivi delle ricerche folkloriche la ricostruzione dell'antico sistema di credenze religiose del popolo giapponese, ancora riconoscibile negli usi locali sotto una serie di incrostazioni.

E' solo con il «*boom* Yanagita» esploso in Giappone dalla fine degli anni '60 che si è proceduto — significativamente in tutti e tre i casi da parte di istituzioni governative o accademiche giapponesi, e sempre sul suolo giapponese — alla traduzione di testi veramente centrali e rappresentativi. Il primo, e senza dubbio il più importante, è *About Our Ancestors* [64], traduzione inglese di un'opera del 1946 [65]. La scelta è stata felicissima: non si tratta di una pura raccolta di dati, e nemmeno della riedizione di leggende raccolte dalle voci altrui; questo volume è invece — sia pure non nel senso rigoroso che potremmo intendere noi — una trattazione sintetica di cosa significasse e di cosa può ancora significare, alla luce delle usanze tradizionali, la venerazione per gli antenati nella storia e nella vita spirituale dei Giapponesi. E la risposta in sintesi è che la famiglia, nella sua continuità generazionale assicurata da un insieme di atteggiamenti interiori ed esteriori che si possono riassumere appunto nella formula «venerazione per gli antenati», è stata nello stesso tempo il cuore della società ed il nucleo della religione giapponese. Se poi si tiene presente che quel libro fu scritto fra l'aprile ed il maggio 1945, mentre il Giappone ormai stava crollando sotto il peso della guerra,

---

[62] B/76, B/77.
[63] B/74.
[64] B/59.
[65] B/338.

esso assume — e lo dice esplicitamente Yanagita nell'introduzione — il carattere ancor più pregnante di una proposta a coloro che avrebbero dovuto ricostruire la società post-bellica, affinché nel prendere le loro decisioni non fossero all'oscuro di alcuni fatti, con il rischio di muoversi affrettatamente in direzioni che urtano con la più profonda natura del popolo giapponese. Concretamente il volume — dopo un saggio introduttivo di Hori Ichirô e Herman Oom [66] del quale può essere segnalata la succinta esposizione di cosa significhi che l'intera opera di Yanagita è qualificabile come « *Shinkokugaku* » [67] — si svolge come un saggio che, con un tenue filo di collegamento fra paragrafo e paragrafo, passa in rassegna — riferendosi sempre ad usanze locali ma rappresentative dell'intera nazione — le forme di discendenza delle varie famiglie da una famiglia originaria, ed i rapporti che intercorrono con essa; poi si volge alle osservanze celebrative che hanno come centro la famiglia, ed in particolare quelle del Capodanno, nelle quali Yanagita intravvede un chiaro significato di accoglienza di una « divinità dell'anno » che è la divinità famigliare: è così che la festa del Capodanno si rivela per molti aspetti una festa degli antenati, e non è — nelle origini — da considerarsi tanto dissimile da quella estiva del *Bon,* nella quale gli spiriti dei morti tornano per qualche giorno alle loro case per ricomporre l'unità della famiglia. Del *Bon* e delle usanze ad esso connesse Yanagita parla poi diffusamente, non senza avere esaminato i cambiamenti intervenuti — ad opera del Buddhismo — nella concezione degli spiriti dei morti: la nozione di « antenati » (oggetto di comunione-venerazione) è stata compressa a quella di « defunti » (per i quali compiere servizi religiosi di purificazione e suffragio); ma con forza egli sostiene che il *Bon* non era affatto, originariamente, una festa buddhista, e a conferma di ciò propone una diversa etimologia per il nome della festa (che secondo lui non è affatto da ricondurre — come fecero in seguito i monaci letterati — al sanscrito « *ullambana* » giapponesizzato in « *urabon* »), e per il termine « *hotoke* » (solitamente inteso nel senso di « Buddha ») che designa tradizionalmente i defunti. Sul finire, Yanagita mostra invece che nella tradizione giapponese più antica gli spiriti dei morti vengono deificati attraverso successive purificazioni, fondendosi progressivamente nell'unica figura dell'Antenato, non essere astorico e mitologico bensì continuità viva delle

---

[66] B/24.
[67] B/24, pp. 2-4.

generazioni che ci hanno preceduto: da ciò segue un particolare legame di affezione tra vivi e morti, di familiarità dei vivi con la morte, ed una concezione di stretto rapporto tra questo mondo e l'altro mondo, non concepito come un paradiso lontano bensì visto nelle montagne che fanno corona agli insediamenti umani; in quelle montagne — nella loro nazione e vicino ai loro discendenti — i morti rinascono, e si può dire che i confini tra i due mondi sono assai labili, perché assai più forte è la continuità spirituale che li lega.

Senza confronto meno impegnativa è stata la pubblicazione, nel centenario della nascita di Yanagita, di un libretto [68] che a fronte del testo giapponese dà la traduzione tedesca di una parte di un suo volume sui *matsuri*[69], le feste comunitarie della religione tradizionale: è un'analisi storica delle modificazioni che la « festa » — come dice il titolo della traduzione — ha subito trasformandosi in « fiera » (o « sagra »); e cioè per l'essenziale i medesimi temi che erano già stati trattati da un articolo di Yanagita comparso in inglese nel 1943[70].

Sempre nel 1975 è comparsa la traduzione, ad opera di Ronald Morse, delle *Leggende di Tôno*[71], cittadina nell'attuale prefettura di Iwate. L'opera è celeberrima sia per il significato storico di inizio della raccolta sistematica del folklore orale giapponese e di chiaro esordio degli interessi di Yanagita in questo campo, sia per il suo carattere letterario. Contenutisticamente si compone di un centinaio di leggende raccolte da un informatore nato nel luogo anche se studente a Tôkyô: particolarmente interessante e suggestivo è il mondo spirituale che trapela da quei racconti, tutti popolati di spiriti, di fatti meravigliosi, di invisibili presenze del mondo extraumano ai limiti del mondo umano.

Con tutto ciò, comunque, ancora interi settori degli interessi e della produzione di Yanagita sono sconosciuti al pubblico occidentale, come risulterà dalle successive indicazioni.

---

[68] B/60.

[69] B/310.a. E' stata tradotta in tedesco la parte che porta il titolo « *Matsuri kara sairei e* ».

[70] B/62.

[71] B/70. L'originale giapponese è un'opera del 1910 (B/362.a.), aumentata in occasione della seconda edizione (B/362.b). Nella traduzione, Morse ha usato il testo offerto in B/378, pp. 257-312.

CAPITOLO SECONDO

INTERPRETAZIONI D'INSIEME DELLA FIGURA E DELL'OPERA DI YANAGITA

Con la morte di Yanagita (1962) iniziò una nuova fase della sua fortuna in Occidente, come riflesso di un analogo e più articolato processo già in atto in Giappone: non furono più solo i dati ed i materiali folklorici da lui raccolti, le ipotesi da lui formulate e le tesi da lui sostenute, ad essere tirati in campo con il nome di Yanagita, bensì ci si rese progressivamente conto che dietro a questa massa di dati grandeggiava ancora più significativo un pensiero unitario, un modo di intendere la cultura, la tradizione e la società giapponese. Certo non mancarono ancora rassegne storiche che presentavano Yanagita nella sua angolatura di animatore degli studi di folklore in Giappone, e quindi in una prospettiva che era già sostanzialmente nota in Occidente; ma interventi di questo genere si sono fatti significativamente più arditi, avanzati in ambiti internazionali tra i più qualificati [1], e si è arrivati anche a proporre alcuni suoi principi metodologici come utili punti di riferimento in assoluto, per le indagini sul folklore [2].

Soprattutto, però, iniziarono a comparire delle valutazioni d'insieme sulla sua vita, la sua opera ed il suo pensiero; esse sono per la maggior parte dovute ad autori giapponesi, e proprio per questo assai più complete e collegate all'effettivo contesto intellettuale e spirituale nel quale Yanagita è cresciuto, ha operato e influisce oggi. Se quindi possiamo considerare utile ma ancora puramente documentaria una breve presentazione del contenuto dell'edizione delle opere complete di Yanagita da parte di Eder [3], abbiamo almeno cinque

---

[1] B/40, B/58.
[2] B/79.
[3] B/16. Vi è da aggiungere anche il contributo di M. RAVERI: Dopo Yanagida Kunio e la sua scuola: dal folklore all'antropologia culturale, in *Atti del Primo Convegno di studi giapponesi*, Aistugia, Firenze, 1978, pp. 47-57, di cui solo ultimamente sono venuto a conoscenza, e che è indirettamente segno di come la figura di

presentazioni o interpretazioni d'insieme sulla sua figura: ed ora le passeremo brevemente in rassegna.

1. *Il memoriale di Miyata Shinpachirô* [4]

Poco più che un memoriale — ma lodevolmente equilibrato — è quello che Miyata Shinpachirô scriveva su «*Japan Quarterly*» subito dopo la morte di Yanagita: in modo abbastanza sbrigativo i suoi interessi di folklore sono ricondotti alla giovanile esperienza di avere scoperto delle noci di cocco portate dalla corrente fino sulle sponde sud-orientali del Giappone (lungo una via che avrebbe potuto essere pure quella degli antenati del popolo giapponese), ed alla coscienza — nel corso dei suoi viaggi di lavoro fra le zone più sperdute del paese — che i vecchi costumi stavano cambiando e se ne sarebbe persa per sempre la memoria se non si fosse intervenuti a registrarli. Una volta tanto, anziché elencare come primo scritto di Yanagita sul folklore il già nominato *Leggende di Tôno* [5], che è del 1910, Miyata menziona la *Registrazione di parole di caccia ancora in uso* [6] del 1909, del quale sottolinea a ragione che non si tratta di un puro glossario, ma di una compilazione mirante a ricostruire la concezione e l'atteggiamento spirituale che tradizionalmente i Giapponesi (così come risultava ancora presso popolazioni di cacciatori fra i monti) nutrivano verso le montagne, gli uccelli, gli animali e le piante viventi in esse. Fra la prima e l'ultima opera di Yanagita, che è *La via sul mare* [7] (1961) e suggerisce appunto la possibile derivazione della cultura giapponese dai Mari del Sud, viene poi citato come particolarmente significativo uno scritto del 1934 [8], unanimemente riconosciuto come la proposta teorica di una moderna e scientifica disciplina del folklore. Il saggio si chiude con l'elenco delle onorificenze ufficiali meritate dall'opera di Yanagita, e con una serie di giudizi che danno un'idea della sua influenza: autore il più letto del Giappone moderno; capace di rispondere alle esigenze intellettuali più svariate; studioso che ha sempre scritto con mano di letterato; storico assai poco ortodosso che — pur nella sua dichiarata

---

Yanagita sta anche da noi perdendo il preminente interesse dei folkloristi, per acquistarne invece tra gli studiosi di storia intellettuale del Giappone.

[4] B/33.
[5] B/362.a.
[6] B/314.a.
[7] B/256.a.
[8] B/282.

avversione per la documentazione scritta — ha contribuito enormemente ad arricchire la storia del Giappone aprendola ad interi settori finora trascurati, anche se gli si può rimproverare di avere avanzato ipotesi affascinanti non però riscontrabili con i fatti, e di avere voluto positivamente tener separati i suoi risultati anziché cercare di inserirli in quelli della storia « ortodossa ». A proposito di questa ultima critica, però, Miyata afferma che Yanagita comunque era assai cosciente che le proprie ipotesi erano solamente proposte: egli sapeva bene come la disciplina da lui iniziata aveva da fare molto cammino, e non intendeva affatto precipitarla a delle conclusioni; e da questo punto di vista la sua modestia e la sua serietà furono ammirevoli.

2. La valutazione di Ishida Eiichirô [9]

Più completa, approfondita, lucidamente rigorosa anche se consapevolmente unilaterale è la valutazione di Ishida Eiichirô (1903-1968), che nel numero successivo di « *Japan Quarterly* » ritorna sull'argomento Yanagita; Ishida non era propriamente uno studioso di folklore ma un antropologo (il primo titolare di una cattedra di antropologia culturale all'Università di Tôkyô), formatosi maggiormente su idee occidentali e assai interessato all'analisi comparativa delle culture, anche quando il suo oggetto di studio era il folklore giapponese. Ishida stesso ne è cosciente, perché esordisce proprio affermando — pur nel rispetto di una grande personalità che sa di non poter comprendere appieno — di essere forse in grado, in quanto antropologo, di capire meglio, quasi dall'esterno, certi problemi nei quali chi si è chiuso — come Yanagita — negli studi di folklore si è dibattuto invano: nel suo, perciò, in germe vi è il giudizio che le scienze antropologiche occidentali (se non proprio quelle folkloriche, che forse sarebbero più benevole) potrebbero dare al grande progetto di Yanagita. Ishida vede Yanagita come permeato quasi inconsciamente — per educazione familiare — di sentimenti shintoisti tradizionali; quanto alla sua formazione intellettuale, essa era basata sia sui classici confuciani che sui classici giapponesi, e costituì un'ottima base per la sua vita pubblica in qualità di burocrate e giornalista; ma nello stesso tempo fu la fonte di un continuo — e per Ishida probabilmente inopportuno — travaglio su come rendere utili alla società odierna i propri studi rivolti al passato. Dopo aver menzionato gli inizi puramente letterari di Yanagita, e la sua familiarità

---

[9] B/26.

con alcuni dei massimi scrittori del tempo (e quindi anche la sua natura poetica, che si rivela in uno stile pieno di allusioni e suggestioni) Ishida afferma comunque che l'opera duratura di Yanagita va identificata senza dubbio in quel *corpus* di scritti che cercano di raccogliere e sistematizzare le tradizioni popolari del Giappone. Alla base di questo progetto, divenuto occupazione piena di Yanagita dal momento del suo ritiro a vita privata attorno al 1930, Ishida sostiene che non bisogna porre solo le influenze da lui ricevute in una famiglia attaccata ai valori tradizionali del Giappone, bensì anche il fascino che le scienze antropologiche esercitarono sul giovane Yanagita, avido lettore di testi occidentali fin dal tempo degli studi universitari. Accanto al poeta, cioè, si formò in lui l'ideale di un sapere che fosse nel modello (positivistico) della storia naturale: e questa doppia ispirazione rende la sua opera elusiva, pervasa da tendenze contraddittorie, impedendo che le molte facce della sua personalità potessero armonizzarsi in una sintesi finale che Yanagita avrebbe inutilmente cercato negli ultimi dieci anni della sua vita. L'opera di Yanagita più rappresentativa dell'aspetto scientifico del suo progetto è anche per Ishida *Teoria delle tradizioni popolari* del 1934 [10], che egli analizza diffusamente: essa contiene la proposta di una nuova disciplina, chiamata « tradizioni popolari » perché Yanagita non la considerava ancora organizzata — come dirà in seguito — in una vera « scienza del folklore » (*minzokugaku*); in sostanza, in alternativa con le esistenti forme di studio della storia e della preistoria, Yanagita individuava — nella vita tradizionale di intere popolazioni di campagna — ampie aree extrastoriche, e queste erano l'oggetto della sua nuova scienza. Yanagita sostenne anche che lo studio della cultura tradizionale giapponese — assai più organica delle sparse « vestigia » cui è ridotto il folklore nel mondo occidentale — è molto più rivelativo, se operato da Giapponesi, che non lo studio etnologico che scienziati europei svolgono su popolazioni primitive, accumulando fatti ma mancando di cogliere la profondità psicologica di quelle culture, lo « spirito etnico dei singoli popoli » (in un senso romantico che non era sconosciuto al folklore tedesco o *Volkskunde*): di qui seguì, lamenta Ishida, che molti discepoli di Yanagita si fecero un dovere di limitarsi a studiare unicamente il folklore giapponese, ed evitarono di dare alla loro ricerca quella dimensione antropologico-comparativa che Ishida (convinto della non separabilità fra etnologia e

---

[10] B/282.

folklore [11]) ritiene non solo indispensabile ma anche rientrante nelle intenzioni stesse di Yanagita, il quale se poneva quella limitazione era solo perché si rendeva conto che al momento la cosa più urgente e più accessibile era di raccogliere su vasta scala i dati del folklore giapponese, lasciando ad altro momento le sintesi e le teorizzazioni. E' altrettanto chiaro, invece, che Yanagita avesse — in prospettiva — davanti agli occhi per la propria scienza del folklore il modello delle scienze etnologiche, e che sostenne una profonda relazione tra etnologia (od antropologia) e folklore, quale ad esempio si era realizzata in *Folklore in the Old Testament* di Frazer [12]; egli insomma sognava una « antropologia più allargata », che studiasse i singoli popoli per così dire dal di dentro, nel loro spirito: ed in questo ampliamento dell'intera antropologia alla profondità del folklore [13] egli sognava per il Giappone un ruolo di particolare importanza, proprio per il suo stato di cultura in trasformazione. Questa disciplina — con gli stessi caratteri di indagine positiva e scientifica che sono propri dell'antropologia fisica — doveva per Yanagita inglobare anche l'archeologia; nella sostanza, quindi, egli aveva — secondo Ishida — una forte ispirazione antropologico-comparativa che fu poi tradita dai suoi discepoli; equivoco favorito anche dal fatto che dopo la Seconda Guerra mondiale Yanagita si preoccupò assai del ruolo del folklorista nella ricostruzione del nuovo Giappone, stornando così l'attenzione da quello che per Ishida è il compito strettamente scientifico di una disciplina; ma resta ad esempio che il suo ultimo libro *La via sul mare* [14] è in definitiva un ricorso a studi antropologici per risolvere il problema della natura ultima del popolo giapponese.

Ishida conclude affermando che molte delle teorie di Yanagita sono inaccettabili al mondo accademico: la provenienza dal sud — via Okinawa — della cultura risicultrice in Giappone, il rifiuto dell'archeologia (che invece basa le sue cronologie su dati oggettivi), l'ostilità verso la storia « ortodossa » (di fronte alla quale il generico richiamo dei folkloristi ad un « passato tradizionale » o ai « lontani antenati » è assai aleatorio). Ancor più radicale è l'obiezione degli

---

[11] Problema che anche in Occidente riceve diverse soluzioni, senza però che si neghi in ogni caso la possibilità di principio di ricerche comparative tra sfera etnologica e sfera folklorica.
[12] B/19.
[13] Yanagita ad esempio mostrò grande interesse per l'istituzione di un corso di « Folklore comparato » all'Università di Helsinki.
[14] B/256.a.

etnologi e degli antropologi culturali: Yanagita ha preso come asserzione-base della sua ricerca l'unità e l'omogeneità etnica dei Giapponesi, ed ha impostato la sua scienza del folklore come individuazione dello spirito di questo popolo; ora è questa asserzione che si mette in dubbio, e sulla base di una serie di dati si pensa invece al popolo giapponese come una amalgama di differenti gruppi etnici. Perciò il giudizio finale di Ishida è che pur di fronte alla grandezza del genio di Yanagita, ed all'utilità della mole di materiali da lui raccolti (sebbene anche sul suo metodo di raccolta oggi sociologi ed antropologi avanzino riserve), in lui il poeta e lo studioso della cultura classica hanno sopraffatto lo scienziato.

E' indubbio, possiamo aggiungere noi, che fra tutti i giudizi finora espressi da Giapponesi, questo è il più vicino al modo di sentire occidentale, se prendiamo come *standard* i livelli accademici e non le infatuazioni esotiche per l'Oriente.

3. La presentazione di Makita Shigeru [15]

Meno critica, e sintomatica di come nel frattempo un « mito Yanagita » abbia preso corpo in concomitanza — forse — con la crescente sicurezza del Giappone di essere una potenza economica a livello mondiale, è la presentazione che Makita Shigeru offre dieci anni dopo: egli apre rilevando i riconoscimenti che Yanagita ha ricevuto in vita, le pubblicazioni che dopo la morte lo hanno accomunato ai più grandi pensatori o letterati del nostro secolo, per arrivare a registrare il *boom* editoriale attorno al suo nome a partire dal decimo anniversario della sua scomparsa. Nel delineare — in modo abbastanza dettagliato — la biografia di Yanagita, Makita mette in risalto la tradizione intellettuale ed anzi il genio della sua famiglia, poiché almeno altri tre fratelli si resero celebri a livello nazionale; nonostante egli, poi, si fosse intimamente associato al mondo letterario del suo tempo e si fosse interessato assai anche degli scrittori occidentali, in seguito lasciò definitivamente la letteratura scegliendo la via dello studio e della scienza.

Dopo i primi scritti di economia agraria [16], Yanagita si rese conto della necessità di documentare la storia — da nessuno scritta —

---

[15] B/30.
[16] In particolare B/251.a. Ma il primo libro pubblicato da Yanagita, già nel 1903, è un'illustrazione sul funzionamento delle cosiddette « cooperative di produzione » (B/329).

delle popolazioni contadine; lo studio del folklore si configurò pertanto in lui come studio di quella storia che non si trovava nei documenti, bensì nella vita della gente. E il suo primo libro di folklore fu appunto il già citato *Registrazione di parole di caccia ancora in uso*[17], nel quale il metodo — seguito anche successivamente — di raccogliere i dati nel linguaggio effettivamente usato sul luogo (e quindi la particolare attenzione ai glossari) è già all'opera. Ancora prima delle *Leggende di Tôno*[18] e del suo mondo di spiriti, folletti, divinità della montagna, vi fu uno studio sul culto delle pietre in Giappone[19], diffuso ora nelle forme di statue di pietra ai bordi delle strade ma per Yanagita derivante dalla venerazione naturalistica delle rocce.

Successivamente a questi esordi, Makita colloca l'approfondimento dei classici occidentali di etnologia e di folklore, grazie ai quali egli fu in grado di fondare la prima rivista specializzata di folklore giapponese, anche se l'argomento era già indirettamente stato sollevato all'interno degli studi antropologici[20]: si tratta di «*Studi locali*»[21], che portava il sottotitolo «*Japanische Volks- und Landeskunde*».

Makita omette quasi del tutto il riferimento alla vita pubblica di Yanagita, e della sua attività di giornalista ricorda i suoi resoconti di viaggio, validi contributi di folklore e analisi critiche della società, i suoi editoriali su argomenti culturali, ed il suo tradizionale ed impeccabile abbigliamento giapponese anche quando lavorava in un ambiente così occidentalizzato come quello giornalistico. Maggiore attenzione è dedicata alle realizzazioni più salienti delle ricerche di Yanagita dopo il ritiro a vita privata. La già citata storia sociale del periodo Meiji e Taishô[22], imperniata sull'idea che il cammino sempre uguale delle masse, per quanto anonimo, è la storia più autentica, per Makita ha aperto nuovi orizzonti alla ricerca storica, e offerto un modello ai popoli senza scrittura per costruire la propria storia. Uno studio linguistico del 1930[23] sulla diffusione della parola «chioc-

---

[17] B/314.a.
[18] B/362.a.
[19] B/249.a.
[20] Una Società Antropologica di Tôkyô era già stata fondata nel 1884, e dal 1886 si pubblicava una rivista di antropologia che dura tuttora (B/115).
[21] B/118.
[22] B/339.a.
[23] B/255.a.

ciola » (*katatsumuri* o *kagyû*) e delle sue varianti locali fu lo spunto per una nuova teoria dei dialetti giapponesi, che alla tradizionale concezione di una dicotomia tra est ed ovest del Giappone contrapponeva una teoria dei cerchi concentrici rispetto all'antico centro culturale di Kyôto: modello questo che fu applicato anche ad altri settori del folklore al di là dei dialetti, e che Makita sostiene plausibile e fondato, senza nemmeno menzionare le critiche che a questo apparato sono state rivolte.

Assai puntuale è il resoconto di quell'opera centrale che è anche per Makita *Teoria delle tradizioni popolari*[24]: oltre a trattare la storia degli studi di folklore in Giappone ed in Europa, ed i problemi del rapporto tra etnologia e folklore, Yanagita qui pose una fondamentale — ed è merito di Makita averla per primo messa così in risalto — tripartizione nei materiali da raccogliere: quelli che si vedono, cioè la cultura materiale (cibo, vestiario, utensili, abitazione, attività economiche, ecc.), e che anche un viaggiatore di passaggio potrebbe registrare; quelli che si ascoltano, cioè le tradizioni orali (leggende, fiabe, proverbi, ecc.), e che solo con una certa permanenza sul luogo si possono raccogliere; ed infine quelli che si percepiscono attraverso un'empatia, cioè i dati della cultura spirituale (religione, feste, credenze, legami sociali, ecc.), che solo i membri della comunità stessa possono percepire: di qui, implicitamente, la conclusione che solo i Giapponesi possono studiare il folklore del Giappone, un atteggiamento questo assai radicato — possiamo aggiungere noi — nella tradizione degli studi folkloristici giapponesi, e che non ha mancato di suscitare critiche all'interno stesso degli affini settori accademici in Giappone, e li ha a lungo resi restii a riconoscere serietà scientifica a quella disciplina.

Fra gli altri importanti risultati dell'opera di Yanagita, Makita segnala l'avvio della raccolta delle tradizioni orali giapponesi, poi cresciuta ad un livello di completezza che regge il confronto con i paesi occidentali, e le due estese campagne di collezione di dati tra villaggi di montagna e villaggi di pescatori[25], delle quali si è parlato più sopra. Durante la guerra la preoccupazione di vedere adulti e bambini sradicati per anni dalle loro case (i primi sul fronte, i secondi evacuati per motivi di sicurezza) fece riflettere Yanagita ai valori della famiglia, della discendenza e degli antenati: di qui il libro *Sui*

---

[24] B/282.
[25] B/332.a, B/259.a.

nostri antenati di cui si è detto [26], delle raccolte di letture intese per i bambini sfollati nelle aree rurali [27], ed un libro di incoraggiamento per i suoi discepoli lontani nelle zone di guerra [28]. Dopo la disfatta del 1945 Yanagita si convinse sempre più che la disciplina da lui propugnata poteva servire al benessere del Giappone: quando l'occupazione alleata soppresse i tradizionali insegnamenti di etica, storia e geografia sostituendoli con la materia « scienza sociale » (qualcosa di più vasto che la nostra « educazione civica »), Yanagita fu attivo nella compilazione di libri scolastici che comprendessero materiali folklorici, poiché sosteneva che il folklore è una scienza che studia e spiega le condizioni umane ed i fenomeni sociali di un popolo; altro suo campo di interesse fu la cura di testi di lingua per le scuole, al fine di promuovere la democrazia rimuovendo quel grave difetto di educazione linguistica che aveva reso il popolo incapace di critica e quindi in mano ad un piccolo gruppo di governanti, i quali lo avevano condotto alla guerra.

Nella prodigiosa carriera di Yanagita, Makita menziona poi la fondazione dell'Istituto di Ricerca per il Folklore (1947-1957), che compilò una serie di fondamentali opere di consultazione sul folklore giapponese; e l'ultimo suo libro *La vita sul mare* [29], sulle cui ipotesi di derivazione della cultura giapponese dal sud riferisce le riserve di molti antropologi ed archeologi, menzionandovi però a favore l'opinione di un autorevole discepolo di Yanagita, e cioè Origuchi Shinobu.

A dieci anni dalla morte di Yanagita, nota con soddisfazione Makita, la Società Giapponese di Folklore annovera più di mille membri, sostanzialmente legati all'opera di Yanagita; ed egli, pur criticando certi aspetti del « *boom* Yanagita » come ispirati ad una nostalgia del passato, ad una pubblicità per il turismo capillare in ogni angolo del Giappone, o ad un desiderio di conoscere meglio — attraverso le sue opere — le vere opinioni del popolo e quindi del consumatore medio, concorda sostanzialmente con una serie di testimonianze che additerebbero le vere ragioni della sua popolarità fra gli intellettuali: il crescente dubbio che la modernizzazione (cioè occi-

---

[26] B/338.

[27] B/264.a, B/239, B/298.

[28] Di quest'opera Makita — senza altri riferimenti — dà il titolo inglese: *On the Necessity of Believing in and Loving the Future* (B/30, pp. 289-290); ma essa non è reperibile nell'elenco delle opere di Yanagita.

[29] B/256.a.

dentalizzazione) del Giappone sia fonte di benessere e felicità, e quindi l'interesse per le forme di vita tradizionali descritte da Yanagita; la capacità di Yanagita di proporsi oggi come sorgente di ispirazione filosofica e metodologica per i giovani desiderosi di creare una nuova società; l'appello che la sua opera esercitò negli anni prebellici ed esercita oggi verso quegli intellettuali marxisti o di sinistra che furono indotti ad abbandonare le loro idee con la costrizione, ovvero le lasciarono per la delusione in una ideologia che li appaga meno del procedimento scientifico, positivo, basato sulla raccolta concreta dei fatti, proposto da Yanagita; l'esigenza di nuove forme di pensiero, più irrazionali e più tradizionali, per tutti coloro che si sono stancati e sono dubbiosi nei riguardi della validità del razionalismo e del modernismo europeo. Ed anche il fatto che il lettore comune sia portato a leggere Yanagita nella coscienza di giungere — così — a conoscere meglio cosa significa « essere Giapponese », è da Makita interpretato positivamente come primo passo verso il comprendere cosa significa « essere umanità ».

4. Lo studio interpretativo di Mori Kôichi [30]

Ancor più recentemente Mori Kôichi ha proposto un succinto studio interpretativo della figura di Yanagita, il cui successo oggi, fra marxisti delusi dopo le lotte del 1960 contro la ratifica del Trattato di Sicurezza nippo-americano e dopo le lotte studentesche del 1970, è visto come uno sviluppo significativo per la comprensione del mondo culturale, sociale e ideologico del Giappone odierno.

Dopo avere posto alla base della formazione di Yanagita una diffusa conoscenza dei classici sia cinesi che giapponesi, ed una profonda sensibilità poetica respirata nella famiglia, Mori mette in risalto gli spiccati elementi romantici nella produzione letteraria del giovane Yanagita, ma soprattutto ne sottolinea l'approfondita conoscenza della letteratura occidentale; a questo proposito va ricordato più di ogni altro l'influsso di Anatole France, con il suo interesse per la cultura pre-cristiana ancora viva sotto le ceneri in Europa, e l'impressione esercitata su Yanagita da *Götter in Exil* di Heine: sono i primi decisivi interessi nel campo del folklore, cui solo in seguito si aggiungerà la lettura dei testi scientifici di folklore occidentale. Felicemente Mori annota che in questo modo Yanagita venne a contatto con la cultura europea essendo subito cosciente che essa

---

[30] B/34.

non era per natura sua cristiana, ma anzi che sullo sfondo di essa si trovava una cultura non cristiana; così Yanagita non si accostò mai al Cristianesimo; aveva troppo radicato un senso di identità con i valori tradizionali del suo popolo, e non condivideva l'occidentalizzazione dei cristiani giapponesi. In definitiva, quindi, sebbene Yanagita stimasse la cultura dell'Occidente, rimase sostanzialmente fedele alle idee della scuola *Kokugaku* già coltivate da suo padre, in virtù delle quali fin da piccolo gli era stato insegnato che i valori tradizionalmente genuini andavano discriminati da quelli stranieri o posteriori.

Il motivo per cui Yanagita scelse di dedicarsi agli studi di amministrazione agraria prima, e di folklore poi, sono identificati da Mori nel suo desiderio di essere utile al miglioramento della vita della gente delle campagne, dal momento che egli fin da piccolo era stato assai impressionato dallo spettacolo di una carestia, e d'altra parte non aveva mai pensato che in quanto studiosi si dovesse assumere un atteggiamento neutrale, distaccato, oggettivo di fronte ai problemi della vita. Non è chiaro, dice Mori, perché dagli studi politico-agrari, per i quali si distinse dal 1901 al 1910, preoccupandosi sempre — anche contro le tendenze dominanti della amministrazione statale — del miglioramento delle condizioni di vita dei piccoli coltivatori, e basandosi sempre sull'osservazione e sull'analisi scientifica dei fatti, Yanagita sia passato poi a interessarsi della vita tradizionale del popolo: forse la coscienza che le proprie idee erano troppo avanzate per essere accettate. Con grande efficacia, comunque, Mori ricorda che volgendosi al folklore Yanagita prese come oggetto di indagine l'intera vita giapponese, del passato e del presente, al fine di farla conoscere ai Giapponesi stessi e di aiutarli a migliorarla; la sua può dunque sostanzialmente essere considerata un'opera storica, con la differenza — rispetto agli *standards* occidentali — che per Yanagita passato e presente sono in continuità, e che quindi le strutture sia socio-economiche che spirituali non conoscono fratture in periodi storici. Soggetto di questa storia, e oggetto dello studio di Yanagita, è l'« uomo comune » (*jômin*): parola, questa, creata da Yanagita stesso attorno al 1930, quando il termine precedentemente usato (*heimin*) rischiava di essere frainteso in senso socialista da un lato o militarista dall'altro; e a favore dell'uomo comune finora trascurato dagli storici, di ciò che egli per secoli ha vissuto e sentito, Yanagita prende decisamente posizione per riportare nel giusto ambito quella che finora è stata la storia degli avvenimenti occorsi a pochi individui.

Per questa storia dell'uomo comune Yanagita non cercò sui libri: ebbe l'opportunità di viaggiare estesissimamente e raccolse un'enorme quantità di materiali; delle tre categorie che abbiamo visto poco sopra (cultura materiale, arte linguistica, fenomeni mentali), l'ultima era per lui la più importante, per cui si può dire che lo studio del folklore culminava secondo lui nello studio della storia della fede del popolo giapponese. E la nuova scienza di Yanagita rifiutava — coerentemente — lo studio dei materiali scritti, e si appoggiava totalmente alle tradizioni del popolo illetterato; ciò comportava delle conseguenze notevoli: la storia dello *Shintô,* che fino allora era stata esposta (si pensi a tutta l'opera della scuola *Kokugaku*) sulla base della documentazione letteraria, era solo una storia di dottrine fatte da intellettuali, mentre la vera storia della fede indigena dei Giapponesi era altra cosa; ne seguiva anche una dicotomia — dicotomia che nella visione di Mori risulta assai più marcata che in altre letture della stessa opera di Yanagita, *Teoria delle tradizioni popolari* [31] — tra folklore ed etnologia, poiché questa si basa su osservazioni compiute da persone estranee — spesso anzi cariche di pregiudizi — alla cultura che si vuole studiare, e quindi persone incapaci di cogliere quei fenomeni mentali che si celano dietro ai fatti. Anche Mori — come Ishida — riconosce che Yanagita non voleva chiudere le ricerche del folklore all'interno del Giappone, ma anzi auspicava uno studio comparativo del folklore e addirittura la scomparsa della distinzione fra la cultura « nostra » e quella « degli altri »; tuttavia per arrivare a questo scopo riteneva che ciascuno studioso dovesse anzitutto approfondire il folklore della propria nazione: in questa opposizione ad una troppo facile universalizzazione dei risultati, Mori vede all'opera un principio logico e metodologico tutto particolare (già menzionato — a ben vedere — da Makita sul finire del suo articolo), che a differenza delle scienze etnologiche occidentali pensa di poter arrivare all'universale attraverso un completo studio del particolare.

Grande merito di Yanagita, poi, è stato quello — affermazione ormai a noi nota — di essere con forza rimasto fedele ad un metodo empirico-induttivo, basato sui fatti, rifiutando i pregiudizi evoluzionistici dell'Occidente [32]; ma ancor più importante è il senso di

---

[31] B/282.

[32] Essi sarebbero stati incompatibili — non dimentichiamolo, anche se non sem-

tale posizione nel contesto culturale del Giappone degli anni '20-'30, quando l'acceso dibattito sulla riforma della società vedeva contrapposti gli studiosi sociali influenzati dal marxismo, i quali deducevano le loro proposte da una teoria rivoluzionaria, e gli assertori — da destra — dell'assolutezza del Giappone, i quali sostenevano a priori tutto ciò che era nazionale: Yanagita si pose invece in alternativa sia agli uni che agli altri. Il metodo empirico fece sì che in Yanagita l'indagine sulla religione prendesse quasi la forma di una sociologia della religione: infatti, riconducendo la religione dell'« uomo comune » al culto degli spiriti ancestrali, Yanagita ridusse lo studio della religione giapponese ad uno studio della società giapponese come riferita al culto degli antenati; ma pur asserendo che quella era la fede indigena dei Giapponesi, ed anche la più naturale per loro, Yanagita — dice Mori — non ne fece la propria religione: nel libro *Sui nostri antenati*[33] egli, cercando di rispondere alla problema di cosa sarebbe avvenuto alle anime di tutti coloro che erano morti in guerra, propose il culto degli antenati — assai diverso dall'ideologia nazionalistica dello stato come una unica famiglia — quale comunicazione religiosa tra gli spiriti degli antenati ed i loro discendenti, ma non se ne professò un credente; sebbene vi sia un famoso passo[34] nel quale Yanagita esprime il desiderio di rimanere per sempre — se possibile — nella sua terra, e vedere dall'alto di qualche collina il suo popolo crescere ancora più prospero, e sebbene avesse un forte interesse esistenziale per il destino dell'anima dopo la morte, egli rimase in un atteggiamento che da un punto di vista cristiano o buddhista è stato considerato irreligioso: affermò di sapere dove l'anima rimane i primi quaranta giorni dopo la morte, ma nulla più. Mori tuttavia non accetta la critica — per lui troppo occidentale anche se formulata da un Giapponese[35] — che in questo modo Yanagita si è limitato allo studio del folklore e non ha affrontato i problemi ultimi della filosofia e della religione: egli ha cercato per sé la tranquillità della mente, e avendo vissuto una vita spiritualmente ricca può essere considerato un uomo profondamente religioso.

Con un'argomentazione non del tutto lucida Mori cerca poi di difendere l'uso che Yanagita fece della propria intuizione poetica per

---

pre questo viene ricordato dai commentatori — con la concezione di Yanagita della continuità tra passato e presente.

[33] B/338.
[34] B/359, ora anche in B/360.b, vol. 15, p. 561.
[35] B/95.b, p. 130.

organizzare e mettere in relazione quella grande massa di dati raccolti intensivamente da una efficientissima rete di collaboratori sparsi in tutto il Giappone: dati che però a nessun altro Yanagita permetteva di elaborare; resta comunque accettabile — almeno fino a verifica contraria — la sua asserzione che le conclusioni di Yanagita potevano sì essere personali, ma non per questo necessariamente arbitrarie, perché erano sorrette da una vasta esperienza diretta, da una lettura estesa, da una memoria fortissima che lo rendevano particolarmente penetrante nelle sue ipotesi.

Valutando la posizione di Yanagita nel contesto politico e sociale del suo tempo, Mori lo definisce come un conservatore progressista, incline a miglioramenti graduali all'interno della preservazione dei valori tradizionali; egli da giornalista si oppose al crescente militarismo del governo, criticò i provvedimenti di soppressione delle forme di dissenso attuati in virtù della « Legge per la preservazione della pace » (1925), negò che il « Rescritto imperiale dell'educazione » (1890) esprimesse nella sua completezza la moralità giapponese: ma le sue critiche non andarono mai oltre un certo limite, e dopo il 1930 — ritirandosi a vita privata — Yanagita si astenne da qualsiasi presa di posizione, giustificando tale comportamento — e su questo nemmeno Mori può evitare di avanzare perplessità — con il suo disinteresse per i sistemi e le istituzioni, ed il suo unico interesse per il benessere dei singoli nella loro vita quotidiana all'interno della loro piccola comunità. In particolare per quanto riguarda l'ideologia imperiale, che voleva l'Imperatore simbolo religioso dell'unità della nazione, Yanagita non oppose che una resistenza indiretta: egli certamente condivideva un sentimento di lealtà verso il sovrano, e sembra avere talvolta adombrato nelle sue ricerche una continuità fra antiche credenze religiose del popolo e culto delle divinità antenate della famiglia imperiale, frutto di una volontaria sottomissione a queste ultime da parte delle divinità locali; nel complesso tuttavia le sue indagini, centrate com'erano sull'uomo comune, ignoravano talmente i pur affini temi dello *Shintô* ufficiale e dello stato come unica famiglia con a capo l'Imperatore, che ne suonavano ad implicita obiezione; senza contare che Yanagita respinse esplicitamente la tesi governativa che lo *Shintô* era solamente un rituale non religioso di espressione patriottica.

Volgendo a conclusione la sua analisi, Mori vede in Yanagita — con il suo rifiuto ad affrettate generalizzazioni o ad aprioristiche deduzioni — un esempio di rigore scientifico nello studio della religione, e rileva come egli divenne — sia pure solo in seguito — un convinto sostenitore della tolleranza religiosa, e del rispetto per i valori sui quali ciascuno costruisce liberamente la propria vita. Domandandosi poi se il mondo che Yanagita studiò non sia ormai scomparso, se il suo concetto di « uomo comune » non sia ormai superato, Mori — diversamente da altri che ritengono la proposta di Yanagita una sfida al concetto occidentale di modernizzazione — pensa che Yanagita stesso era disposto ad accettare i cambiamenti dei tempi, convinto della necessità primaria di elevare le condizioni di vita della gente, non necessariamente mantenendo le tradizioni ma anche migliorandole; resta pertanto possibile — per Mori — parlare di un'attualità di Yanagita, non solo — come qualcuno ritiene — in ciò che egli mirava a fare ma che di fatto non realizzò dimostrandosi praticamente e filosoficamente insufficiente per la soluzione dei problemi del nuovo Giappone post-bellico: è vero piuttosto che l'appello tutt'oggi esercitato su molti marxisti dall'opera di Yanagita è quasi un processo di indigenizzazione della loro ideologia universale, lo stesso significato che ebbe — parallelamente — per altri che approdarono alla scienza di Yanagita provenendo da un altro universalismo, quello cristiano. In conclusione, il pensiero di Yanagita aiuta i Giapponesi a stare coi piedi per terra sul loro suolo, e può essere — per i paesi in via di sviluppo — un significativo modello per lo studio e la comprensione della propria cultura.

5. *La ricostruzione storico-intellettuale di Ronald Morse* [36]

I quattro studi che abbiamo appena visto si ripartiscono chiaramente per il fatto che i primi due, quelli del 1962-1963, lodano la ricerca concreta di Yanagita ma mostrano perplessità sulla validità del quadro d'insieme nel quale essa si colloca; gli ultimi due, invece, (del 1973 e del 1980) pongono senza dubbio l'aspetto più importante e duraturo di Yanagita nella portata sociale e intellettuale della sua opera, soprattutto nell'aver saputo egli fondare una scienza storica e sociale ispirata a principî non occidentali. Non è qui il luogo per discutere tali differenti interpretazioni; vorrei solo puntare l'attenzione su quella specie di *passe-partout* — più di una volta usato sia da Makita sia da Mori — di fare appello ad una logica diversa da quella occidentale, quasi a sottrarre alla discussione i passaggi o

---

[36] B/37.

le prese di posizione più peculiari ma anche più questionabili: un procedimento che certo non è in grado di soddisfare o di quietare il lettore occidentale, cui tali considerazioni sono rivolte, ma piuttosto apre un caso, anziché chiuderlo. Poiché, merita di essere notato, le quattro presentazioni d'insieme ora esposte erano opera di studiosi giapponesi che scrivevano per degli Occidentali.

Ma il contributo maggiore che oggi è disponibile per il lettore non giapponese è ormai quello di un Americano, Ronald A. Morse, il quale oltre alla già menzionata traduzione delle *Leggende di Tôno*[37] ed altri contributi minori[38] ha compilato come tesi di dottorato alla Princeton University una ricerca dal titolo: *The Search for Japan's National Character and Distinctiveness: Yanagita Kunio (1875-1962) and the Folklore Movement*[39], che è stata pubblicata per ora — con poche variazioni — solo nella traduzione giapponese dal titolo più enfatico: *Una sfida alla modernizzazione: l'eredità di Yanagita Kunio*[40]. Si tratta di uno studio vasto, che dal punto di vista documentario certamente non eguaglia quel che è disponibile nella bibliografia giapponese, anche se l'Autore ha svolto personalmente alcune indagini sui luoghi dell'infanzia e della giovinezza di Yanagita, ed ha potuto contare sulla collaborazione del nucleo più fedele degli eredi di Yanagita, tra cui soprattutto Ôtô Tokihiko, professore in quella Università Seijô cui è stata lasciata la biblioteca e gli scritti di Yanagita dopo la morte di questi. Tuttavia l'impostazione dell'indagine è assai precisa e stimolante: più che illustrare l'opera di Yanagita, Morse vuole studiare come è venuto a formarsi il movimento del folklore in Giappone, quali sono le correnti intellettuali che lo hanno originato e gli hanno fatto da sfondo, e che ruolo esso ha svolto nella coscienza culturale del Giappone di questo secolo. Il suo contributo intende essere quindi un capitolo di storia intellettuale del Giappone moderno: anche se è ovvio che questo capitolo sia praticamente monopolizzato dalla figura di Yanagita Kunio, l'opera accumula una grande quantità di informazioni che — sebbene certo bisognose di ulteriore elaborazione — costituiscono uno stimolo ad approfondire interi filoni del pensiero sociale, politico ed economico giapponese di questo secolo, solo frammentariamente accessibili in

---

[37] B/70.
[38] Tutti riconducibili all'opera sua principale (B/186, B/35), ovvero alla sua traduzione delle *Leggende di Tôno* (B/36, B/38, B/185).
[39] B/37.
[40] B/94.

bibliografia occidentale; e l'immagine di Yanagita che ne risulta è —
tra l'altro — in alcuni aspetti più completa e più comprensibile nei
suoi esiti di quanto non appaia nella ricostruzione di quei folkloristi
giapponesi che ne hanno sottolineato unicamente l'attività come studiosi delle tradizioni popolari.

In un primo lungo capitolo Morse cerca di ricostruire la tradizione di studi e di spirito nazionalista della famiglia Matsuoka in cui
Kunio nacque, lo *status* economico e sociale di essa, la personalità
del padre e della madre, la sua educazione elementare e la sua precoce immersione nel mondo dei libri; particolare importanza viene
rivolta ai fratelli di Yanagita per mostrare come tutti portarono a
frutto l'eredità culturale della casa Matsuoka, nel senso di coltivare
le tradizioni indigene; soprattutto, Morse si sofferma su (Inoue)
Michiyasu, poi eminente letterato e poeta, sotto la cui guida Yanagita visse a Tôkyô, ricavandone confermato quel diffuso conservatorismo e nazionalismo che già erano nell'eredità della famiglia. Altri
elementi significativi nel processo formativo di Yanagita sarebbero
state le esperienze di un'altra cittadina di provincia (oltre a quella
nativa), con la sua vita comunitaria, ma anche con chiari segni di
quanto dura fosse in passato la vita dei contadini; e l'educazione
ricevuta nella scuola superiore, ideologicamente orientata alla preservazione della tradizione nazionale.

Con maggiore dettaglio è esaminata la partecipazione di Yanagita al mondo letterario cui lo introdusse il fratello Michiyasu: da
una parte l'essersi egli dedicato a coltivare la poesia *tanka* era sintomo di interesse per i valori nativi, anche se — col fratello — sostenne che la poesia antica del *Kokinwakashû* andava rivivificata con sentimenti moderni; ma soprattutto questa lunga parentesi letteraria è
intesa da Morse sostanzialmente come un'esperienza che arricchì
Yanagita di un insieme di tecniche espressive [41], oltre che di alcuni
fondamentali modi di sentire, quali la necessità — per il folklorista — di cogliere con penetrazione intuitiva e dopo tutto poetica
l'essenza psicologica e profonda dei fatti osservati. Ma Morse ne
approfitta anche per mettere in risalto, nell'opera dei letterati con
cui Yanagita venne in stretto rapporto, quel che può essere rivelativo
dei suoi atteggiamenti, delle sue idee e dei suoi gusti: Mori Ôgai

---

[41] Molta della produzione di Yanagita può essere ricondotta, ad esempio, al genere *zuihitsu*, che nella tradizione giapponese è un genere sostanzialmente letterario.

ed il suo equilibrio fra la missione personale e nazionale; un resoconto di viaggio in provincia da parte di Kôda Rohan; Tayama Katai (nella sua fase prenaturalistica) con le sue opere incentrate sulla vita di campagna ed il senso del tragico destino dell'uomo travolto nel ciclo della natura, senza contare il suo romanzo *Tsuma* (La moglie) (1907), ove il protagonista è proprio Yanagita, del cui travaglio interiore di quegli anni viene offerta una interpretazione, dall'interessato respinta con parole furenti; Shimazaki Tôson e la sua successiva attenzione ai problemi storici dei contadini; Kunikida Doppo, romantico e interessato al destino di coloro che sono vittima delle forze storiche. Merita di essere ricordato, poi, che qui abbiamo forse le uniche indicazioni, in lingue occidentali, sulla poesia del giovane Yanagita: sia quella — più elusiva — in forma di *tanka*, sia quella — più carica di romanticismo ma presto abbandonata — della composizione in verso libero (*shintaishi*)[42].

Cruciale fu per Yanagita il suo ingresso nella pubblica amministrazione, ove egli poté rendersi conto dell'enorme baratro fra politica e letteratura; è così che può spiegarsi ad esempio il suo distacco progressivo dalla letteratura « pura » (la poesia e il romanzo) in favore del « saggio », che egli sostenne come più consono all'espressione dei propri pensieri[43]; così si spiega anche l'interesse per i temi sociali quali si ritrovano in Ibsen e nella letteratura russa; ma risale a questi anni anche il suggestivo incontro con Anatole France, le cui valutazioni sul ruolo del Giappone nella storia del mondo aiutarono Yanagita — e molti altri suoi coetanei — a guardare con rinnovata fiducia alla propria nazione, senza complessi di inferiorità verso l'Occidente.

Le *Leggende di Tôno*[44] sono per Morse da considerare pienamente un'opera letteraria, sia per lo stile, sia come cosciente proposta di quale dovrebbe essere un « naturalismo » nel senso genuino della parola; in esso emergono però già chiarissimi i suoi interessi di folklore, la sua concezione della comunità di villaggio, ed il tema della religione popolare indigena; ma grande novità si riscontrò pure nel fatto che il paesano non era più — qui — oggetto di ridicolo, e nella mancanza di un moralismo di fronte a tutti quegli episodi negativi (uccisioni, violenze, magie) che vengono piuttosto presentati — quasi con distacco — come parte della lotta dell'uomo con

---

[42] Uno studio dedicato alla poesia di Yanagita è B/176.
[43] B/342.
[44] B/362.a.

sé e con la natura. In piccolo, Morse vede nelle *Leggende di Tôno* un modello di quella esplorazione della personalità giapponese che Yanagita perseguì poi tutta la vita: attraverso i fenomeni tangibili e le tradizioni orali egli ha ricostruito la vita mentale ed emozionale degli abitanti di Tôno.

Il capitolo secondo è volto ad indagare quello che forse è l'aspetto da noi meno noto eppure eccezionalmente importante dell'opera di Yanagita: quel ventennio 1910-1930 nel quale egli lavorò inutilmente ad una sua critica e ad una sua proposta di rinnovamento della società, per poi ripiegare scetticamente negli studi di folklore, intesi in senso ancor più pragmatistico ed anti-ideologico. E' un ventennio, dice Morse, pervaso da due aspetti: i suoi studi agrari, e le sue prese di posizione politiche e sociali.

Yanagita studiò assai, come occupazione che avrebbe in breve sostituito del tutto la letteratura, il mondo agricolo: la sua analisi della società contadina era sostanzialmente conservatrice, convinto com'era che gli abitanti dei villaggi e non delle città fossero i depositari dello spirito giapponese; ma a differenza dei nazionalisti propungava l'autogoverno dei villaggi, vero tessuto della vita sociale, organizzazione non casuale ma espressione razionale di bisogni, sostanzialmente imperniata sul concetto di cooperazione; egli dal punto di vista politico non condivideva l'indirizzo amministrativo del governo in materia agricola: voleva una classe prospera di piccoli e medi coltivatori, sosteneva l'industria rurale, e in linea con altri pensatori più liberali si opponeva all'orientamento moralistico-confuciano di coloro che volevano rinnovare il mondo contadino predicando industriosità, devozione e frugalità [45]. Ma ad un certo punto Yanagita si rivelò sfiduciato sulla possibilità di ottenere risultati attraverso gli studi di agropolitica: procedendo, si contentò di osservare il sempre maggiore disorientamento, cui le sue analisi non potevano portare che poco rimedio; ed alla fine abbandonò il tema, alienando addirittura tutto il *corpus* dei suoi libri sull'argomento: ma è ovvio che gran parte della sua preoccupazione per il mondo contadino fu poi trasferita, prolungata e — ai suoi occhi — resa più operante attraverso l'impegno nell'ambito del folklore, il quale a sua volta poteva essere affrontato in modo più concreto e realistico proprio perché passato attraverso le realtà economiche e sociali del

---

[45] Si tratta del movimento *Hôtokusha* («Associazione per il contraccambio dei favori»), ispirato a Ninomiya Sontoku (1787-1856), riformatore agrario del secolo scorso.

tempo. Del resto il concetto di « uomo comune » (*jômin*), termine che Yanagita usò a designare il tipico giapponese portatore inconscio dei valori tradizionali, è da molti visto come strettamente legato al mondo contadino, anche se Morse nota che esso rivela una certa astrazione, volta sia a unificare dietro un solo vocabolo tutta la differenziazione di stili di vita che si ritrovano in Giappone, sia a cristallizzare una nozione che contenesse per definizione tutti i tratti essenziali della « cultura giapponese ».

Quanto agli interessi di Yanagita per i temi più vasti della politica e della società, collegati alle sue prese di posizione nella vita pubblica (tema spesso trascurato anche in Giappone, dice Morse), essi furono assai precoci, perché fin dal 1900 circa Yanagita era membro della *Shakai Seisaku Gakkai* (Società di Studi per la Politica Sociale); il suo lavoro del resto lo faceva riflettere su tali temi, perché nei suoi viaggi non doveva solo ispezionare fattorie sperimentali, trattare di problemi abitativi, alimentari e finanziari, ma anche venire a contatto con le amministrazioni locali, rendendosi conto della loro ignoranza verso la realtà cui erano preposte: constatazione questa che si sommava alla sua sfiducia verso la classe dei burocrati del governo centrale. Gli anni '10-'20 da questo punto di vista furono importanti: infatti egli non solo iniziò a raccogliere e pubblicare dati di folklore locale; non solo volse l'attenzione ai problemi degli arcipelaghi dell'Asia Meridionale sia come parte dei propri interessi alla politica estera del momento, sia come parte di un'incipiente ricerca — continuata poi fino all'ultima opera — sulle origini etniche del popolo giapponese; egli in quegli anni fece pure parte di quel gruppo di liberali che — in concomitanza con l'allentamento del controllo governativo e il potenziamento del ruolo dei partiti, cioè in quel periodo noto come « democrazia dell'era Taishô » — auspicavano un'ulteriore trasformazione del Giappone in senso meno autocratico: Yanagita si associò ad esempio alla *Reimeikai* (Società dell'Aurora), e fu in stretto rapporto con il suo animatore, Yoshino Sakuzô (1878-1933), ed altri suoi esponenti; tuttavia una sua caratteristica fu quella di sentirsi attirato più a professioni liberali che alla burocrazia: uscito dall'amministrazione statale fece sentire la sua voce in articoli [46] che esprimevano con gravi critiche la sua insoddisfazione per la situazione sociale e politica del Giap-

---

[46] Morse cita in particolare due articoli, che proposero Yanagita all'attenzione del gruppo editoriale *Asahi Shinbun*: B/312, B/232.

pone, l'aspirazione ad una società più rappresentativa e politicamente più conscia. Tuttavia se da una parte egli — col passare degli anni — rimase estraneo a quella radicalizzazione ideologica che contrappose intellettuali marxisti e nazionalisti, le sue analisi dalle colonne del giornale « Tôkyô Asahi shinbun » sui temi più disparati delle riforme istituzionali, della partecipazione democratica, della politica educazionale, ecc. si facevano sempre più scoraggiate, coscienti che gli eventi stavano andando alla deriva, e lo portavano a rimanere sempre più solo, convinto che in definitiva i problemi andavano risolti con iniziativa privata. Il ritiro dalla politica, nel 1930, fu dunque sì un attaccarsi a tradizionali idee di resistenza, ma sostanzialmente un frustrante esito al quale fu costretto dalla piega degli eventi, dal montante antiliberalismo: ma che anche la sua nuova disciplina, il folklore, fosse ancora carica di proposta sociale e politica, è dimostrato dal fatto che a lui si volsero proprio negli anni '30 diversi intellettuali costretti a rinnegare le idee marxiste, ed anche dalla successiva partecipazione di Yanagita ad associazioni di studiosi miranti a costruire una nuova cultura giapponese [47]. Morse in questo contesto cerca anche di istituire un parallelo tra la proposta nazionalistica di Kita Ikki (1883-1937), ideologo radicale che propugnava una « rivoluzione Shôwa », e quella di Yanagita, notando molti elementi comuni quali in sostanza il trascendimento della frattura fra forze moderne e antimoderne: ma mentre Kita faceva forza sull'idea di « nazione », Yanagita faceva appello all'idea di « popolo ».

E' solo nel terzo capitolo che Morse passa più direttamente a vedere come si verificò e cosa significò la fondazione della scienza del folklore in Giappone. Negli anni '30-'40 vi erano tre principali filoni di trattazione del folklore: quello romantico, più legato allo studio dei classici antichi ed alla tradizione filologico-letteraria dei *Kokugakusha* (studiosi di *Kokugaku*) del periodo Edo, e che si impersonava soprattutto in Origuchi Shinobu; quello di Yanagi Muneyoshi (1889-1961), interessato soprattutto alle arti popolari e alla cultura materiale; e quello, certamente più organizzato, di Yanagita, che era rivolto soprattutto alla ricostruzione storica delle idee e della vita religioso-emozionale del popolo. Ad una dettagliata analisi di questo ultimo gruppo, delle sue attività comuni e delle personalità indivi-

---

[47] Morse menziona ad esempio la partecipazione di Yanagita ad una *Kokumin Gakujutsu Kyôkai* (Società Nazionale per il Sapere), e alla *Shôwa Kenkyûkai* (Società di studio Shôwa).

duali (Ôtô Tokihiko, Ômachi Tokuzô, Naoe Hiroji, Matsumoto Nobuhiro, Segawa Kiyoko, Hori Ichirô, Seki Keigo) è sostanzialmente dedicato il capitolo, all'interno del quale spicca la presentazione di coloro che si unirono a Yanagita provenendo da precedenti posizioni marxiste: Hashiura Yasuo, Ishida Eiichirô, Asano Akira, Nakano Shigeharu; ma sono interessanti anche le critiche che agli studi di Yanagita vennero — in quegli stessi anni — da parte di altri intellettuali di sinistra come Kuriyama Kazuo e Hani Gorô. In sostanza, comunque, l'opinione di Morse è che attorno a Yanagita negli anni '30 e '40 si strinsero generazioni di studiosi che pur provenendo da esperienze ed ambiti di studio diversi si interessarono al folklore perché in cerca di radici, di identità e coerenza culturale; e se Yanagita fu in grado di costituire per loro un appello, è perché egli si era confrontato sia con la tradizione della scuola *Kokugaku,* sia con il modo confuciano di fare storia, sia con la politica utilitaristica dell'*élite,* sia con numerose idee straniere sulla società la letteratura e la storia; appello che nel dopoguerra, per una serie di ragioni, assunse forme ancora più vistose.

Nel capitolo successivo, il quarto, si delineano i tre fondamentali filoni che formarono il retroterra culturale di Yanagita, ed entrarono come componenti della sua nuova disciplina, che egli a volte qualificò come « *Shinkokugaku* ». Tracciando un breve profilo della storia della scuola *Kokugaku* dal 17° al 19° secolo, Morse ne sottolinea l'enfasi sulla poesia, la rivendicazione di un'empatia nella comprensione del passato, la predilezione per i temi religiosi dello *Shintô*: tutti aspetti che si ritrovano in Yanagita, il quale però non condivideva l'appoggio preferenziale alla documentazione scritta, l'attenzione primaria alle mitologiche divinità celesti ed imperiali a scapito di quelle « terrestri » e popolari; del passato del Giappone, egli predilesse tre periodi, come particolarmente pervasi di fermento creativo, formativo e rivelativo dello spirito del popolo: lo Yayoi soprattutto per l'aspetto religioso, lo Ashikaga soprattutto per l'aspetto sociale, ed il Meiji[48]. In particolare, Yanagita risentì dell'influsso di Hirata Atsutane (1776-1843), il quale fra l'altro ebbe grande seguito fra una schiera di studiosi rurali: egli — per primo nella tradizione *Kokugaku* — aveva posto attenzione alle fiabe popolari per la definizione della tradizionale concezione dell'« altro mondo » nello *Shin-*

---

[48] Probabilmente, quest'ultimo, come occasione di rinascita e di rinnovamento — dopo le angustie della società Tokugawa — dei valori di sempre.

tô come un mondo parallelo ed in stretta connessione con il nostro, ed aveva per la prima volta fatto uso di idee occidentali per rafforzare la cultura nazionale contro il Confucianesimo. Da quest'ultimo punto di vista, Morse vede nell'opera di Yanagita un parallelismo con la scuola *Kokugaku*, che giustifica la denominazione di « *Shinkokugaku* »: anche egli rappresentò una forza concettualmente ricca ma politicamente impotente; anch'egli cercò di resistere all'ideologia dominante (non più quella confuciana, ma quella dell'Occidente) facendone però ampiamente uso. Ed è proprio quanto — più in dettaglio — Morse passa ad esporre, non senza avere accennato anche alle ricerche antiquarie di viaggiatori, storici, funzionari locali che dal periodo Edo diedero inizio ad una raccolta di materiali folklorici fino allora confluiti o nelle nascenti discipline antropologiche[49] o nella corrente letteraria di Ueda Bin (1874-1916).

Morse passa dunque a valutare quanto dell'apparato di idee e metodi che stanno alla base delle scienze folkloriche occidentali ha preso parte alla nascita delle concezioni di Yanagita, ed è stato inglobato nella sua disciplina. Per fare questo, egli compila un elenco dei numerosi testi scientifici occidentali sui quali Yanagita si formò: oltre al ben noto influsso di Frazer, Morse sottolinea quello di George Gomme (1853-1916)[50] e del suo metodo storico-ricostruzionista. Nel complesso egli è incline a credere che gran parte della metodologia del *Shinkokugaku* di Yanagita sia derivata dall'estero, anche se egli fu piuttosto contrario alla traduzione di testi occidentali[51], ovviamente nel timore che questi avrebbero potuto disperdere e disorientare le energie che invece intendeva raccogliere intorno a sé.

Una volta accertato quali erano gli intenti, prevalentemente educativi e solo indirettamente politici, del sapere propugnato da Yanagita, resta da vedere con quale metodo ed a quali livelli esso fu impostato. E' così che nel quinto capitolo Morse passa brevemente in rassegna, senza sostanziali nuovi apporti, quelli che erano per Yanagita i rapporti tra la sua disciplina del folklore e gli affini campi dell'antropologia, della letteratura e soprattutto della storia; a quest'ultimo proposito Morse contrappone problematicamente Yanagita

---

[49] I pionieri dell'antropologia in Giappone, che si occuparono anche di dati desunti dal folklore, sono Tsuboi Shôgorô (1863-1913), Torii Ryûzo (1879-1953), Minakata Kumagusa.

[50] B/20.

[51] Cfr. B/37, pp. 155-157.

alla figura di uno dei massimi storici giapponesi di questo secolo, Tsuda Sôkichi (1873-1961), ma nello stesso tempo registra una recente tendenza a rivalutare il pensiero storico di Yanagita. Nel lavoro di raccolta, selezione e classificazione dei dati, la tripartizione proposta da Yanagita (folklore materiale, orale, spirituale) viene più specificata, nel senso che se quantitativamente fu forse il folklore orale a ricevere maggiore trattazione (si pensi solo ai suoi studi sui dialetti ed alla serie di glossari da lui curati), però secondo Yanagita al nucleo — la *core region* — del folklore si arriva per comunicazione diretta solo attraverso l'esame della vita spirituale, emozionale e religiosa della gente comune.

Ma quando ci addentriamo, al di là del suo metodo, che è stato chiamato « regressivo », di usare i dati folklorici recenti per chiarire il passato, e ci interroghiamo sulla teoria stessa della scienza del folklore, in altre parole sulla sua logica e sulla sua coerenza scientifica, allora Morse lamenta una lacuna di consapevolezza da parte dei discepoli di Yanagita, i quali si sono dispersi dopo la guerra in una serie di discipline affini (scienze sociali, antropologia, storia) e non hanno approfondito — se non recentemente — le implicazioni teoriche del folklore come scienza. Il giudizio di Morse è che se consideriamo momenti indispensabili di una teoria scientifica quello di partire dall'osservazione empirica per elevarsi induttivamente a delle interpretazioni d'insieme che possano poi essere applicate deduttivamente (eventualmente in via provvisoria sotto forma di ipotesi) a trovare riscontro nei fatti osservabili, allora Yanagita dispiegò sì sempre un'estesa osservazione, e dal 1930 circa iniziò pure a formulare alcune generalizzazioni; ma l'aspetto deduttivo di verifica delle sue inferenze è rimasto quasi del tutto incompleto. Fra i molti altri problemi di principio che restano in sospeso a proposito dell'opera di Yanagita, Morse cita quello di una non chiara teoria del cambiamento sociale, anche se recentemente una studiosa giapponese ha cercato di estrarne una delle opere di Yanagita [52].

Nell'ultimo capitolo Morse traccia una breve rassegna degli studiosi di Yanagita — e degli intellettuali che da lui sono stati o sono influenzati — orientativamente suddivisa in due generazioni. La prima trovò in Yanagita un punto di appoggio per opporsi al sistema imperiale prebellico, e la prova che la tradizione può essere conciliata con l'esigenza di rinnovare radicalmente la società: Hashikawa

---

[52] B/56.

Bunzô (1922-   ), studioso della struttura della personalità giapponese attraverso gli intellettuali ed i politici del secolo scorso, Kamishima Jirô (1918-   ), indagatore dei rapporti sociali nelle comunità agricole, Irokawa Daikichi (1925-   ), esperto della modernizzazione del Giappone, Tsurumi Kazuko (1918-   ), studiosa di scienze sociali, Yoshimoto Takaaki (1924-   ), poeta e studioso della mentalità giapponese come rivelata dalla letteratura, Tanigawa Ken'ichi, che lasciò il cattolicesimo — per lui falso universalismo — e tornò a maestri della tradizione come Yanagita e Origuchi Shinobu. La seconda generazione è costituita da persone cresciute dopo la guerra e dalle prospettive culturali più ristrette e specifiche, ma che — comunque — vedono in Yanagita soprattutto un pensatore indigeno il quale per capire il Giappone non fece uso di teorie straniere: Gôtô Sôichirô, Itô Mikiharu, Miyata Noboru, Noguchi Takenori, Fukuda Ajio; senza contare altri approcci, come quello nazionalistico di Hayashi Fusao (1903-1975) e quello di antropologi culturali — dubbiosi verso i modelli sociali dell'Occidente — come Katô Hideyoshi e Yoneyama Toshinao.

Morse mostra anche come il tema Yanagita si saldi alle vicende politiche e al disorientamento intellettuale del Giappone dopo la Seconda Guerra mondiale; e come il « *boom* Yanagita » sia cresciuto e sia esploso in conseguenza di un « *boom* di introspezione e di ricerca del sé », ed in concomitanza di un *boom* editoriale del folklore in genere. Naturalmente egli prende le distanze da una certa moda che ha fatto acriticamente di Yanagita un eroe. Nel suo giudizio conclusivo, Morse ritiene che Yanagita abbia operato una combinazione originale tra pensiero tradizionale (la ricerca della verità e dell'unità del Giappone nella varietà delle sue tradizioni) e metodologia straniera; una combinazione difficile, che non avrebbe probabilmente retto se non fosse stata supportata da una così estesa raccolta di dati sul campo. Se c'è un problema oggi, per il folklore giapponese, è quello di separare la ricerca accademica dalla personalità del suo fondatore, che invece rimane il centro di un complesso dibattito, al punto che si può affermare che Yanagita sia tuttora una figura-chiave per capire molto dell'atteggiamento giapponese di fronte alla tradizione, e certamente conserverà una posizione duratura nella storia intellettuale del Giappone moderno.

6. Studi settoriali sulla figura di Yanagita

Restano da menzionare alcuni contributi — sempre in lingue occidentali — che trattano tempi più specifici anziché porsi l'obiettivo di una interpretazione d'insieme dell'opera di Yanagita; ma essi sono ugualmente interessanti, sia perché apportano nuovi materiali facilmente riconducibili al tema, per noi centrale, della portata globale della figura di Yanagita, sia perché costituiscono l'inizio di una nuova significativa tendenza: agli Occidentali cioè non viene più solo offerta — sia pure a volte da qualificati esponenti della cultura giapponese — una trattazione pensata per loro, e quindi — anche involontariamente e con le migliori intenzioni — a loro uso e consumo, bensì vengono proposti dei saggi originariamente prodotti per il dibattito interno al Giappone; è uno spirito questo che pervade, sia pure con modalità differenti, e quale che sia stato il loro specifico *iter* editoriale, tutti e tre i saggi che ora vedremo.

Il primo è una succosa recensione alla traduzione inglese delle *Leggende di Tôno*[53], scritta da Takayanagi Shun'ichi per « Monumenta Nipponica »[54] che cerca di illustrare più ampiamente quel momento cruciale sia dal punto di vista intellettuale che esistenziale costituito — per Yanagita — dal 1910. Takayanagi aveva due anni prima firmato pure un'interessante rassegna bibliografica sul « boom Yanagita »[55], nella quale rivelava un perspicace atteggiamento critico: giudicava ad esempio con severità le operazioni editoriali di continua ripubblicazione dei medesimi articoli in differenti raccolte ove si accavallavano sempre gli stessi contributi; richiamava l'attenzione a quella componente di moralismo che ha impedito a Yanagita — pur esaltando la vita primitiva — di valorizzare elementi sì « vitali », ma anche macabri od osceni; e notava acutamente come tanti sforzi per ricavare da Yanagita un sistema filosofico che egli forse non concepì mai, vanno contro — con le generalizzazioni che implicano — allo spirito antirazionalistico che spesso tali sforzi anima.

Ora, nell'esordio di questo ulteriore intervento, Takayanagi osserva che alcuni dei temi oggi in voga in Giappone a proposito di Yanagita non attireranno mai seriamente l'attenzione degli stranieri, come ad esempio il suo metodo scientifico; ma certo egli è una figura di rilievo per tutti coloro che vogliono studiare la rea-

---

[53] B/70.
[54] B/52.
[55] B/53.

zione del Giappone allo *shock* culturale del suo incontro con l'Occidente. Un po' ironicamente, egli rileva che tutti in Giappone concordano sull'attualità del suo pensiero, e sul fatto che egli costituisce un modello per le nazioni in via di sviluppo, ma non vi è affatto consenso a proposito di dove individuare l'elemento duraturo del suo contributo; egli avanza perciò il sospetto che forse ciò è il risultato di un « carisma » più legato alla persona di Yanagita che alla sua opera (per la quale infatti non vi sono successori di statura a lui comparabile): e sarebbe proprio questo « elemento mistico » ciò di cui senza sapere si va in cerca da molti.

Passando più direttamente alle *Leggende di Tôno,* egli collega quest'opera alla consapevolezza di Yanagita che per salvare la popolazione rurale del Giappone non bastavano gli studi economici che finora aveva condotto (proprio in quel 1910 venivano riproposte in forma di libro le principali pubblicazioni di Yanagita su tali temi): bisognava agire in altre direzioni per preservare quella cultura, quelle comunità e quelle tradizioni. E le *Leggende di Tôno* rivelano appunto questo sentimento romantico di vita primitiva da conservare; nello stesso tempo però contengono anche elementi di segno contrario; ad esempio è — ironicamente — solo attraverso le ferrovie che Yanagita poté recarsi non solo a Tôno ma in tutti i suoi viaggi che gli mostrarono il Giappone tradizionale; esse inoltre — imperniate come sono sulla registrazione di materiali narrativi locali — mostrano un altro aspetto di Yanagita: il suo metodo consistente principalmente nel raccogliere e classificare fatti; metodo questo (di « accumulazione dei dati ») che caratterizza molte delle sue opere [56] e che si basava su una diffusa ed attiva rete di folkloristi dilettanti in tutto il paese; in questo modo, pur essendo le *Leggende di Tôno* una narrazione in prima persona, l'Io di Yanagita quasi scompare, ed i fatti si presentano simili ad un'anonima recitazione.

E' sostanzialmente da due punti divista che Takayanagi vuole mostrare la genesi delle *Leggende di Tôno*: dalle precedenti esperienze di Yanagita nel campo della letteratura e nel campo della politica economica; e ad ambedue sottende un complesso nodo di atteggiamenti a proposito dell'Occidente, della modernizzazione e dell'identità nazionale. Per quanto attiene al primo punto di vista, non biso-

---

[56] Yanagita aveva un vasto schedario dal quale ricavava articoli e saggi quasi meccanicamente, semplicemente estraendo le schede su un certo argomento e componendole insieme.

gna rifarsi solo alla produzione poetica di Yanagita, che oggi qualcuno vuole rivalutare sebbene Yanagita stesso ne rifiutasse l'inclusione nella propria « *opera omnia* », e che si interruppe quasi del tutto con la morte della madre: resta comunque, aggiunge Takayanagi, che i successivi esiti di Yanagita potrebbero essere — psicanaliticamente — intesi come ricerca di un primordiale e atavico elemento materno alla base della cultura giapponese, espresso appunto nelle poesie giovanili e riemerso con gli studi di folklore dopo avere eliminato tutto quel che di razionale, utilitario ed occidentale si era sovrapposto a causa della sua attività di burocrate. Ma le *Leggende di Tôno* vanno soprattutto viste alla luce della narrativa — informata al naturalismo (*shizenshûgi*) — in voga allora nella cerchia letteraria cui Yanagita era più legato: egli arrivò a convincersi che quel naturalismo importato dall'Occidente era troppo astratto, incapace di cogliere gli strati più profondi della realtà, e vi contrappose un'opera nella quale la concreta descrizione della cruda realtà della vita rurale andava ben oltre i risultati in certa misura idealistici e lirici dei suoi ex-amici letterati. E sebbene sia indubbiamente piuttosto inusuale considerare « letteratura » la produzione folklorica di Yanagita, la quale più comunemente è classificata come « pensiero » (*shisô*), Takayanagi concorda con Yamamoto Kenkichi [57] che vede nelle *Leggende di Tôno* (ed in altre opere di Yanagita, soprattutto diari di viaggio) un'opera letteraria di narrativa in forma di saggio, da porre probabilmente sulla linea di quel genere *haibun* che è assai tradizionale nella letteratura giapponese, e che oltrepassa le distinzioni occidentali tra narrazione e descrizione. Procedendo nel tempo, i più spiccati caratteri letterari che si ritrovano in quest'opera del 1910 si smorzano: la valorizzazione degli elementi fantastici, cupi e grotteschi sarà sostituita da un'enfasi sulla vita di villaggio incentrata nella coltivazione del riso; ma resta comunque un mistero perché Yanagita abbia del tutto abbandonato la letteratura: non certo per essersi seduto nella sua carriera di burocrate, dal momento che restò sensibile alle proprie esigenze interiori, e ancora a lungo ricercò la sua strada.

Ma le *Leggende di Tôno* offrono anche importanti elementi per cogliere la continuità tra l'opera di Yanagita come burocrate e come studioso di folklore: egli infatti nei primi anni del secolo, sia con

---

[57] Yamamoto Kenkichi, critico letterario, ha curato e introdotto una raccolta di scritti di Yanagita (B/378).

contributi scritti che nelle lezioni tenute in diverse università, aveva mostrato la tendenza a basarsi su metodologie straniere, attingendo ampiamente a testi in lingua inglese; quando però venne a contatto con i problemi amministrativi concreti, cominciò a sentire l'esigenza di raccogliere dati e fatti anziché fare uso di teorie importate dall'estero; era insomma una tendenza parallela al suo distacco dalle correnti letterarie introdotte dall'Occidente: essa prese corpo in quell'associazione per studiare concretamente la vita rurale che fu la *Kyôdokai* (Società di Studi Locali), dalla quale prese nome la rivista «*Studi locali*»[58], pubblicata principalmente sotto la direzione di Yanagita dal 1913 al 1916. Nella vicenda di quella rivista, che da periodico di economia rurale divenne per responsabilità di Yanagita il primo periodico specializzato di folklore, vi è emblematicamente la vicenda della trasformazione — ancora non ben consapevole — dello studioso di problemi rurali nel padre del folklore giapponese.

Da ultimo, prendendo lo spunto dall'interpretazione che le *Leggende di Tôno* ebbero nella celebre opera di un critico letterario[59], il quale imperniò la sua analisi sull'ambivalenza tra sogno e realtà, tra il *nomos* della vita ordinaria e la sconfinata regione dell'irrazionale (dello strano, dell'*anomos*), Takayanagi è incline a concordare che l'opera di Yanagita è come pervasa da un desiderio di tornare a sognare, a vedere come reale — nell'incerto confine tra la veglia ed il sonno — un mondo che in definitiva egli si era costruito da sé.

Meno ricco ai nostri fini è l'articolo che Miwa Kimitada[60] dedica a denunciare un grave difetto nell'impostazione del pensiero di Yanagita: Miwa infatti è sostenitore del «localismo», cioè della conservazione dell'autonomia politica e culturale delle singole regioni del Giappone, in quanto a suo avviso gran parte dei problemi del Giappone di quest'ultimo secolo non sono sorti tanto dall'esterno (l'occidentalizzazione), bensì dall'interno: quella centralizzazione che si realizzò con la teoria dello stato-famiglia, e che fu l'esito cui una serie di circostanze condannò il Giappone, pur così ricco di fermenti locali e di pluralismo culturale. Ed è innegabile, dice Miwa, che Yanagita pensò sempre in termini nazionali: egli considerò sempre la cultura giapponese come un fenomeno unitario, e questa fu

---

[58] B/118.

[59] B/112.

[60] B/32; questo articolo era stato pubblicato originariamente in giapponese nel 1974 su di una rivista, per poi essere riprodotto l'anno seguente in un volume di saggi sul localismo, del medesimo autore.

una posizione che — anche tenuto conto dei tempi difficili — non va addebitata unicamente alla situazione storica, perché contemporaneamente a lui sorsero — e Yanagita ne venne in contatto — tendenze localiste poi represse[61]. Gran parte delle critiche di Miwa si appuntano ovviamente sul concetto di « uomo comune », da lui più che da altri considerato un'astrazione, particolarmente deviante perché l'azione di questo « uomo comune » poteva per definizione svolgersi solo a livello nazionale.

Una considerevole parte dell'articolo è dedicata ad individuare nell'esperienza di Yanagita un sentimento psicologico di « mancanza di una casa », che si rivela nella sua biografia come continua ricerca di identità personale e ancestrale: il suo frustrato amore per una casa concreta gli avrebbe impedito di sentirsi radicato in un luogo, e lo avrebbe sospinto a trovare in tutto il Giappone un'immagine idealizzata della sua casa. Se in questo articolo l'analisi del pensiero di Yanagita può parere discutibile, esso rimane comunque un utile documento per mostrare come Yanagita è divenuto un tema talmente centrale che può essere utilizzato per confrontare rispetto a lui le proprie idee, e darvi risonanza.

Diversa è l'ottica da cui muove Tsurumi Kazuko[62], da molti indicata come una delle più preparate studiose del pensiero sociale di Yanagita, che vuole sottolineare la sua importanza in ambito internazionale non semplicemente ponendo le sue idee ed i suoi metodi in alternativa alle discipline scientifiche occidentali, bensì mostrando come egli possa dare un contributo all'allargamento di quelle discipline stesse. In particolare, qui essa si occupa delle teorie del cambiamento sociale: mentre fino ad ora esse sono state formulate in Occidente sulla scorta unicamente di esperienze occidentali, e sono state ritenute universalmente valide nell'assunzione che i paesi non occidentali avrebbero prima o poi finito per uniformarsi al modello dei « paesi più avanzati », dall'opera di Yanagita ci viene ad esempio proposto un diverso modello di cambiamento sociale, che non identifica la modernizzazione con l'occidentalizzazione.

Per Yanagita, « modernizzazione » è un processo di scavare e portare continuamente alla luce il nucleo della propria cultura: nel caso del Giappone tale processo si mise in opera nel periodo Ashi-

---

[61] Miwa cita i nomi di Hizuka Ryû (1848-1920), Kinoshita Naoe (1869-1937), Nitobe Inazô.
[62] B/57.

kaga, e su di esso l'incontro con l'Occidente causò un'accelerazione ma non certo la prima spinta. La « tradizione » cui si riferisce Yanagita non è il sistema imperiale instaurato dal governo Meiji, che ereditò il mondo spirituale dei *samurai* del Giappone feudale innestandovi modelli di modernizzazione occidentale; Yanagita si riferiva invece ad una modernizzazione del Giappone che sviluppava la tradizione contadina delle comunità locali; perciò nella modernizzazione è — per Yanagita — insito un duplice conflitto: tradizione *samurai* contro tradizione contadina, e modelli stranieri contro modelli indigeni di sviluppo. E' così che Tsurumi, dopo avere rilevato come l'impegno di Yanagita per alleviare il peso — drammaticamente constatato nell'infanzia — della vita contadina si configurò in una critica alla politica di modernizzazione del governo Meiji, sostiene che Yanagita non fu nemico della modernizzazione *per se*; Yanagita era, piuttosto, convinto che non l'*élite* bensì l'« uomo comune »[63] è ovunque il vero agente del cambiamento sociale: fino a tempi recentissimi in Giappone erano gli uomini privi di cultura scritta a reggere la vita dei villaggi, anche se il loro ruolo è stato ingiustamente dimenticato dagli storici.

Di più, Yanagita aveva una sua concezione del tempo, che rifiutava le periodizzazioni storiche in base a concetti occidentali o a cambiamenti nel potere politico: secondo lui sistemi di vita, strutture sociali, modi di pensare e sentire riferibili a tempi diversi coesistono simultaneamente in diversi luoghi del Giappone odierno, ed anzi all'interno di ciascuno di noi stessi, e non è affatto detto che gli elementi più antichi debbano cedere il passo a quelli più moderni; al contrario, il modo migliore per ridurre le tensioni e le sofferenze pare proprio quello di rivalutare elementi tradizionali.

Il modello di vita sociale è per Yanagita quello — da lui auspicato, indagato e descritto — dell'antico villaggio, prima della ristrutturazione accentratrice del periodo Meiji: quello stesso che Tsurumi delinea in alcune pagine suggestive, come pervaso da relazioni sia verticali che orizzontali, sia di parentela che contrattuali, tutte volte a realizzare una grande coesione, e a fare emergere un consenso attraverso forme indigene ma non meno reali di « partecipazione democratica ». E' ovvio allora che Yanagita si oppose alla centralizzazione operata dal governo Meiji, il quale accorpò i villaggi, istituì nuove

---

[63] Il concetto di « uomo comune » la Tsurumi lo analizza in dettaglio, per concludere che esso rappresenta quello strato di « primitivo » che è dentro ciascuno di noi.

strutture amministrative, e cercò di promuovere varie forme di associazione a livello nazionale: fu un grave errore, frutto dell'ignoranza — da parte della classe dei *samurai* ora divenuti burocrati — di quante forme di autogoverno già esistessero nel paese.

Come altri esempi della critica di Yanagita al nuovo sistema educativo incentrato sulla pietà filiale e sulla nuova ideologia statale basata su uno *Shintô* sostanzialmente centralizzato e sul concetto di famiglia-stato, Tsurumi menziona la indiretta ma efficace opera di raccolta degli usi locali, la quale non solo cercava di registrare materiali che la politica del governo mirava coscientemente — soprattutto in ambito religioso — ad estinguere, ma anche costituiva un'implicita confutazione delle idee ufficiali: antiche leggende di figli che abbandonavano anziani genitori sui monti erano l'opposto della presunta tradizionale pietà filiale, riti e credenze dello *Shintô* popolare che non avevano nulla a che vedere con le divinità imperiali erano la smentita dello *Shintô* ufficiale, feste religiose locali celebrate con l'attiva partecipazione di tutti ed imperniate sulla venuta degli spiriti degli antenati dalle vicine montagne rendevano senza senso gli sforzi del governo per costruire santuari imponenti ove officiava un clero professionale.

In conclusione, quindi, Tsurumi sostiene che se i governanti Meiji confermarono — con la conversione della loro eredità *samurai* ai modelli occidentali — che i paesi emergenti adottano schemi appresi dalle società che li hanno preceduti nel cammino della modernizzazione, tale tesi non risulta però vera *in toto,* perché bisogna tenere conto anche di una sotterranea differente tendenza alla modernizzazione, portata in luce da Yanagita e avente il centro nell'« uomo comune »; senza quest'ultima componente — pare di capire — la nostra analisi sulle forze che stanno alla base delle trasformazioni sociali del Giappone sarebbe assai monca.

Capitolo Terzo

GLI SCRITTI DI YANAGITA E GLI STUDI SU YANAGITA IN GIAPPONE

1. *Il dibattito su Yanagita in Giappone*

Come più volte abbiamo ormai ripetuto, il dibattito su Yanagita in Giappone va ben oltre l'apparentemente innocuo ambito delle sue ricerche sul folklore, e si rivolge principalmente a quella sorta di filosofia a tali ricerche sottostante: estrarla, interpretarla e utilizzarla è divenuto un importante obiettivo per intellettuali di ogni tendenza in un Giappone in cerca della sua identità culturale, particolarmente pervaso da tensioni suscitate dalle vertiginose trasformazioni di un secolo, dubbioso che la tecnologia ed il razionalismo dell'Occidente abbiano un futuro, ed incline ad accettare una critica della cultura moderna in base al tradizionale *ethos* giapponese.

Se questo è in sostanza il tema centrale, le opinioni sono assai articolate ed anche divise, poiché è noto che una notevole porzione degli ambienti accademici giapponesi — sia per uno spirito maggiormente internazionalista che per una certa diffidenza verso un uomo vissuto sostanzialmente al di fuori delle istituzioni universitarie — è piuttosto freddo nei confronti di Yanagita; aggiungendovi poi una innumerevole sfaccettatura di aspetti, problemi, punti di vista, si arriva ad una considerevole mole di produzione editoriale, che ammonta ormai a decine di libri e a centinaia di articoli o saggi [1]. Di questo dibattito, chiamato appunto « *Yanagita-ron* », da qualche tempo una eco arriva anche in Occidente [2]: qui ci limiteremo ad un breve cenno bibliografico.

---

[1] Sostanzialmente ancora nella fase iniziale del « *boom* Yanagita », Nakajima Kawatarô (B/187) elencava circa 500 voci, dal 1906 al 1973. Le bibliografie degli studi di Yanagita sono fondamentalmente le seguenti: B/187 (di cui una stesura meno aggiornata era apparsa nel 1961 in B/126), B/194, B/111. Ma se ne troverà anche altrove, ad esempio in B/82, ed in B/110, pp. 312-316.

[2] Oltre i già citati B/52 e B/53, si vedano ad esempio B/46, B/47, B/78, B/54,

Hashikawa Bunzô, studioso di intellettuali e politici del Giappone moderno, è stato uno dei primi a scrivere un resoconto complessivo — assai noto e citato — della vita di Yanagita[3], quando presentò la sua figura in un volume dal titolo *Intellettuali del mondo*, nel quale egli era accomunato a Marx, Rolland, Russell e Gandhi: quel saggio è stato poi ripubblicato più volte[4], e ad esso si sono affiancati numerosi altri contributi dello stesso Hashikawa, sempre sulla linea di una biografia intellettuale di Yanagita[5].

Già nel 1967 compariva un importante studio di Nakamura Akira su *Il pensiero di Yanagita Kunio*[6], ripubblicato nel 1974 con l'aggiunta di altri brevi contributi sullo stesso tema[7]; è ormai un classico, in cui si cerca di inquadrare Yanagita rispetto alle correnti del pensiero occidentale (è qui che viene proposto il paragone con il romanticismo ed il conservatorismo di Burke). Di esso non è raro trovare estratti in altre opere collettive su Yanagita[8].

Dopo questa opera entriamo nel *boom* editoriale: Gôtô Sôichirô, con un passato di studente radicale ma poi ripiegato verso lo studio di Yanagita, nel 1972 ripubblicava — col titolo *Introduzione a Yanagita Kunio*[9] — una serie di articoli già apparsi negli anni '60 su Yanagita ed il folklore giapponese; la stessa operazione editoriale era compiuta, con titolo analogo, da Ôtô Tokihiko[10], stretto discepolo di Yanagita e più attento ai temi specifici del folklore. Quasi contemporaneamente assistiamo alla compilazione di due importanti raccolte di saggi, tutti già comparsi in precedenza: una, più completa, curata da Kamishima Jirô[11], autore di due dei trentasei contributi, volti uno ad una valutazione generale dell'opera di Yanagita[12] e l'altro ad una considerazione sugli studi di « *Yanagita-gaku* » (« Yana-

---

B/55, B/29, ed anche quelle parti dell'opera di Morse (B/37) che sono state pubblicate su « *Japan Quarterly* » (B/35).

[3] B/158.

[4] In B/86, in B/82, e — abbreviato — in B/109.

[5] B/159, B/152, B/153, B/157, B/155, B/160, B/156, B/154, B/151.

[6] B/95.a.

[7] B/95.b. Altri interventi di Nakamura sul tema Yanagita posteriori alla seconda edizione del suo libro principale sono ad esempio B/190 e B/191.

[8] B/189, B/188. Una parte dello studio di Nakamura è riportato anche in B/127.

[9] B/85.

[10] B/97.

[11] B/89. In questa raccolta — del 1973 — vi sono quattro saggi già comparsi l'anno precedente nella raccolta curata da Gôtô Sôichirô, di cui subito dopo.

[12] B/170.

gitologia », potremmo dire)[13]. L'altra raccolta è dovuta al molto attivo Gôtô Sôichirô[14], il quale figura fra l'altro autore di due saggi nella opera curata da Kamishima[15]: consiste di dodici contributi, cui è premesso un dibattito a più voci[16].

Nuovi apporti furono invece quelli proposti in un simposio organizzato dalla NHK: cinque relazioni, ciascuna seguita da un dibattito, edite da Kamishima Jirô e Itô Mikiharu[17], e dovute rispettivamente al già menzionato Hashikawa Bunzô[18], al professore di antropologia culturale all'Università di Kyôto Yoneyama Toshinao[19], alla studiosa di scienze sociali Tsurumi Kazuko[20], al folklorista Suzuki Mitsuo[21], ed allo storico Haga Noboru[22].

Nel 1972 — decennale della morte di Yanagita — erano intanto apparsi altri due libri: un tascabile sulla vita e l'opera di Yanagita scritto da un discepolo della sua cerchia passato al giornalismo[23], ed una raccolta di testimonianze su Yanagita da persone che lo hanno conosciuto[24]; si tratta, in quest'ultimo caso, di una serie di materiali già comparsi in riviste, ma soprattutto di quelli che — secondo una tipica prassi editoriale giapponese — erano stati in precedenza dispersi nei notiziari mensili (*geppô*) che accompagnano l'emissione di volumi in collana, in questo caso prevalentemente i volumi dell'edizione *standard* delle opere di Yanagita[25].

Quattro nomi dominano la scena editoriale sul tema « Yanagita » negli anni '70: Miyata Noboru, Tanigawa Ken'ichi, il già

---

[13] B/168.
[14] B/82.
[15] B/144, B/146.
[16] B/174.
[17] B/90.
[18] B/151.
[19] B/215.
[20] B/209. Della Tsurumi, oltre le opere in inglese (B/56, B/57), si può ricordare una raccolta di saggi da lei editi (B/105), dei quali alcuni trattano espressamente di Yanagita, tra cui, della stessa Tsurumi, B/208. Ed ancora B/207 (riprodotto anche in B/89 e in B/109), B/206, B/210 (riprodotto anche in B/127), B/211, B/191.
[21] B/198. Suzuki aveva contribuito agli studi di Yanagita anche con B/199.
[22] B/148. Di Haga si possono anche ricordare B/147 (riprodotto anche in B/89), B/150, B/149.
[23] B/92. Di Makita Shigeru si possono segnalare ancora, oltre ad articoli minori, B/179, B/177, B/178.
[24] B/106.
[25] B/360.a; B/360.b.

nominato Gôtô Sôichirô e Itô Mikiharu Essi furono animatori di una rivista trimestrale (« *Studi su Yanagita Kunio* ») [26] la quale dal 1973 al 1975 uscì in otto numeri, ciascuno introdotto da una tavola rotonda sul tema monografico del fascicolo [27]: tavola rotonda alla quale erano invitati anche altri studiosi, sebbene il 50 % delle presenze fosse costituito dai redattori stessi [28]; per il resto, la serie comprende quarantasette articoli (di cui nove sono ricordi soprattutto di carattere autobiografico da parte di studiosi venuti in contatto con Yanagita). Ne risulta così un consistente *corpus* di materiali, la cui compilazione tuttavia si è interrotta proprio quando, esauriti i temi più immediati, ci si sarebbe forse aspettati un approfondimento maggiormente riflesso ed articolato sul significato dell'opera di Yanagita nell'insieme della cultura giapponese: ma queste — si sa — non sono cose che si possano mettere insieme nel giro di qualche mese.

Se prendiamo singolarmente i quattro studiosi ora menzionati, Miyata Noboru ha contribuito in opere già citate [29] ed ha scritto saltuariamente anche altrove [30]; in particolare va ricordato il suo lavoro per la compilazione di un'antologia [31] di trentaquattro — per lo più già comparsi altrove — saggi per una collana di studi sulla letteratura giapponese: oltre alla presentazione di Makita [32], essa contiene cinque sezioni, la prima delle quali riguarda espressamente l'aspetto letterario-linguistico di Yanagita, mentre le altre sono dedicate ad altre dimensioni, quali il folklore, l'antropologia, il concetto di « uomo comune », e infine l'analisi di singole sue opere. Ancor più attivo è Gôtô Sôichirô, il quale oltre ai due volumi già menzionati [33] ha scritto — nel 1974 — uno studio sull'« uomo comune » [34], vale a dire sul concetto-base di Yanagita; e nel 1975 ha curato una raccolta — principalmente metodologica — di quattro saggi di parte di giovani

---

[26] B/129.a.

[27] Le tavole rotonde (*zadankai*) portano lo stesso titolo del fascicolo come è indicato nella Bibliografia (B/129.b.c.d.e.f.g.h.j) ad eccezione di quella del numero 1 (B/160) e di quella del numero 2 (B/192).

[28] In compenso solo due altri articoli sono firmati dai responsabili della rivista, e cioè B/181 e B/141.

[29] B/180, B/174.

[30] B/184, B/183.

[31] B/110.

[32] B/182.

[33] B/82, B/85.

[34] B/83.

folkloristi [35]; ed oltre a ciò un'abbondantissima serie di altri contributi resi ancor più appariscenti per le ripetute ripubblicazioni [36]. Anche Itô Mikiharu, antropologo esperto di Okinawa e discepolo di Yanagita, lo troviamo assai presente: con Kamishima Jirô ha curato non solo il simposio della NHK di cui si è detto [37], ma anche ha scritto un contributo esplicativo [38] per un'antologia di testi di Yanagita [39]; con Yoneyama Toshinao nel 1976 ha edito un volume di sedici interventi di altrettanti studiosi, proposti originariamente alla radio [40]; da solo, ha curato un numero speciale della rivista « *Spirito del presente* » dedicato a Yanagita [41], contribuendovi anche con un saggio [42], ed ha proceduto anche — con un volumetto — ad una trattazione sistematica, sia pure a livello introduttivo, del pensiero di Yanagita [43]. Tanigawa Ken'ichi, infine, ha al suo attivo solo un libro, comparso nel 1974, che tratta (e nemmeno per intero, bensì solo nella prima parte) di Yanagita [44], ma assai numerosi sono i suoi articoli ed interventi [45], volti sia ad aspetti generali che — specificamente — alle ipotesi di derivazione della cultura giapponese dal sud, le quali collegano strettamente Yanagita con Origuchi Shinobu.

Un altro protagonista nel *boom* editoriale di Yanagita è certamente Kamishima Jirô, che oltre alla considerevole produzione già elencata [46] ha sfornato una serie consistente di articoli dei quali se ne potranno ricordare almeno alcuni [47]. Per completare questa rassegna, poi, si dovranno menzionare — oltre ai non pochi numeri speciali dedicati tra il 1960 ed il 1975 da riviste alla figura di Yanagita [48] — come minimo altri due volumi di studiosi di grosso cali-

---

[35] B/84.
[36] B/144, B/146, B/141, B/142, B/139, B/140, B/145, B/143.
[37] B/90.
[38] B/175.
[39] B/108.
[40] B/88.
[41] B/127.
[42] B/165.
[43] B/87.
[44] B/104.
[45] B/201 (originariamente pubblicato in B/132), B/174, B/146, B/200, B/204, B/203, B/205, B/202.
[46] B/89, B/90, B/170, B/168, B/174, B/175.
[47] B/169, B/173, B/167, B/172, B/171, B/166.
[48] Già nel 1961 « *Letteratura* » con 13 contributi (B/126); nel 1962 — anno della morte di Yanagita — « *Dibattito* » (B/132) e « *La finestra dell'aula scolastica* » (B/134), ciascuno con tre articoli, e « *Folklore della regione di Kyôto-Ôsaka* » (B/116);

bro: uno dello storico Wakamori Tarô [49] che — sostenitore di una fusione fra folklore e storia — anche in altre sedi ha scritto di Yanagita [50] e qui raccoglie una serie di propri interventi alla radio e alla televisione; ed uno del sociologo Aruga Kizaemon (1897-1979) [51], che su questo tema aveva già scritto qualcosa [52].

Poiché — infine — in questa sede non è lontanamente da pensare di dare un elenco completo di quanto è stato scritto in Giappone, basterà ricordare alcuni nomi più noti o più ricorrenti nelle bibliografie su Yanagita: Ienaga Saburô è uno storico che critica da questo punto di vista la metodologia di Yanagita [53]; Irokawa Daikichi è uno storico e un critico della società in senso localista e populista [54]; Hori Ichirô è uno storico delle religioni venuto a contatto con Yanagita sia per avere esplorato a fondo la religione popolare del Giappone, sia per averne sposato una figlia [55]; Ishida Eiichiro [56] è l'insigne antropologo culturale il cui pensiero su Yanagita è stato condensato anche in lingua inglese, come abbiamo visto [57]. Ma decine e decine sarebbero gli autori da menzionare: personalità note a livello nazionale, studiosi sconosciuti, coetanei del grande padre del folklore, suoi discepoli, giovani che lo hanno incontrato solo sui libri.

Se possiamo, da questa breve scorsa bibliografica, trarre una impressione, è che il mondo intellettuale giapponese ha preso coscienza della portata del genio di Yanagita, e lo sta cercando di mettere a frutto; tuttavia, nonostante siano così vari gli aspetti sotto cui Yanagita si presta ad essere interpretato, forse anche in questa occasione si è manifestata quella settorializzazione del sapere cui i Giapponesi paiono particolarmente portati: si è venuta cioè configurando una sorta di disciplina a sé (la « *Yanagita-gaku* »), nella quale il

---

nel 1972 « *Pierrot* » (B/130), « *Spirito del presente* » (B/127); nel 1973 « *Letteratura nazionale* » (B/136) con 15 saggi; nel 1975 « *Tradizione e presente* » (B/123) e « *Pensiero contemporaneo* » (B/135), ciascuna con ben 17 qualificati contributi; ed ancora nel 1975 « *Staffe del sapere* » (B/133) e « *Viaggi del folklore* » (B/131); nel 1976 « *Ina* » (città di Nagano-*ken*) (B/128).

[49] B/107.
[50] B/213, B/212, B/214.
[51] B/81.
[52] B/137, B/138.
[53] B/162, riprodotto anche in B/82, B/127 e — parzialmente — in B/89.
[54] B/160, B/163.
[55] B/161.
[56] B/164.
[57] B/26.

discorso si approfondisce ma rischiando di chiudersi anziché confluire nei temi più vasti e sintetici della cultura, della storia e della società, e divenirne sostanza anziché solo argomento.

2. *La produzione di Yanagita in lingua giapponese*

L'ultimo passo di questo studio introduttivo consiste nel non facile compito di dare un'idea un po' circostanziata dell'enorme mole di scritti costituita dalla produzione di Yanagita in lingua giapponese.

Come punto di riferimento per ogni discorso di questo genere, bisogna rifarsi a quella che ormai — come dice il titolo stesso — è la *Edizione standard delle opere di Yanagita Kunio*[58], corsivamente citata di solito come *Teihon*: essa nella compilazione definitiva raccoglie 31 volumi, con aggiunta di altri 5 volumi supplementari, per un totale di 36 volumi, tutti attorno alle 500 pagine. Non si tratta, a rigore, di « *Opera omnia* » perché, a parte la mancanza degli scritti in inglese — del tutto secondaria — dal piano di raccolta è stata esclusa parte della sua produzione poetica (specie giovanile), buona parte dei suoi diari, la corrispondenza con persone viventi (oltre a quella non rintracciata o comunque non ritenuta importante), le compilazioni (glossari, raccolte di dati, dizionari, ecc.) di cui egli è stato animatore e supervisore, le opere che egli ha scritto in collaborazione con altri, ed inoltre tutto ciò che, pur potendosi ritenere sua produzione, non è stato strettamente scritto da lui, come lezioni, conferenze, dialoghi e dibattiti, da lui sostenuti ma da altri raccolti e stesi.

Anzitutto alcuni dati quantitativi: l'elenco più completo, in ordine cronologico, di tutte le pubblicazioni di Yanagita (anche di quelle non riportate nel *Teihon*) è contenuto nell'ultimo volume, il 5° supplementare, dell'edizione *standard*[59]; ebbene, esso si snoda in ben 3021 voci, delle quali 201 sono pubblicazioni indipendenti, cioè in sostanza libri: dal 1925 al 1930 Yanagita produsse più di 100 titoli l'anno, con una punta di 132 per il 1926 e il 1927! Naturalmente il numero complessivo è falsato dalle riedizioni e dalle ripubblicazioni, in diversa forma, dei medesimi testi: ma esso resta ugualmente elevatissimo.

Per muoverci un po' più liberamente, possiamo sfrondare questi

---

[58] B/360.b. Una prima edizione, in 31 volumi più 4 volumi supplementari, era stata impostata inizialmente in solo 25 volumi più 3 supplementari (B/360.a).

[59] B/196.

oltre 3000 titoli dei circa 780 che — in base ai criteri suesposti — non sono stati inclusi nel *Teihon*: si tratta infatti di materiali sia qualitativamente che quantitativamente insignificanti, se eccettuiamo le opere che portano il suo nome come compilatore e supervisore, delle quali ci occuperemo più avanti. Restiamo così con le circa 17.000 pagine del *Teihon,* nelle quali sono racchiusi, secondo un calcolo approssimativo, forse più di 2000 titoli [60], la cui mole ed il cui valore è ovviamente assai ineguale: possiamo mettere da parte ad esempio i quasi 400 editoriali che Yanagita scrisse, con ritmo pressoché settimanale, dal 1924 al 1930 per il quotidiano « *Tôkyô Asahi shinbun* », ed i più di 350 articoli sparsi di minore importanza che sono stati raccolti alla rinfusa nei volumi 29-30-31 del *Teihon*; forse altri 300 sono i saggi minori distribuiti per argomento — quasi ad appoggio e contorno delle opere più significative — nei restanti volumi del *Teihon,* e qualche decina i saggi più consistenti. Restano così una settantina di libri costituiti da raccolte di scritti (in totale forse 700-800) già in precedenza comparsi sciolti su riviste, ed una quindicina di libri scritti direttamente per la pubblicazione, o comunque contenenti materiali mai in precedenza pubblicati. La porzione maggiore di quel *corpus* che è il *Teihon* è rappresentata senza dubbio da questi circa 90 libri in esso riprodotti, cui si potranno aggiungere eventualmente quattro o cinque testi rimasti fino ad allora inediti, che si avvicinano all'impegno e alle dimensioni di un libro: noi nella presentazione che segue ci limiteremo ad illustrare quasi unicamente questo settore, dopo alcune considerazioni generali sul carattere della produzione di Yanagita.

Va detto in primo luogo che Yanagita fu uno studioso ma non un accademico: gran parte dei suoi scritti hanno avuto origine occasionale (conferenze, interventi in raduni e congressi, corsi di lezioni, articoli per quotidiani, brevi contributi su richiesta per periodici di ogni genere, ecc.), o comunque sono nati come note di viaggio, come presentazione di materiali a mano a mano che venivano a sua disposizione. Non si esagera dicendo che a partire dagli anni '30 e fino all'inizio degli anni '50 egli tenne conferenze e discorsi con ritmo

---

[60] In effetti, l'« Indice delle opere raccolte nel *Teihon* » (B/197) elenca circa 1540 titoli, cui si dovranno aggiungere circa 400 editoriali per il quotidiano « *Tôkyô Asahi shinbun* ». Questo numero alquanto basso (3000 meno 780 darebbe 2320, e non 1940, tanto più che in quest'Indice sono compresi pure gli inediti) si spiega con il gioco delle ripubblicazioni, e con il fatto che le pubblicazioni a puntate vi sono considerate un unico titolo.

poco meno che settimanale[61], invitato da università, società di studio, associazioni locali, organi di comunicazione; e questo senza tenere conto della *routine* costituita da saltuari cicli di lezioni — più continuativi — in alcune università, e soprattutto del lavoro col gruppo dei discepoli stretti attorno a lui. Questo carattere « parlato » è assai evidente nei suoi scritti, che dal punto di vista esteriore vanno qualificati come « saggi » di carattere divulgativo, nel senso che praticamente mai ci è offerta una vera trattazione sistematica e rigorosa del tema, a favore di una grande massa di dati, mescolati con una serie di considerazioni discorsive, sorrette da un linguaggio letterario, vivificati da intuizioni geniali, inquadrati in concezioni articolate ed a volte complesse, ma sempre senza quello svolgimento obiettivo e quell'apparato critico (note, citazioni bibliografiche) che per noi non sono solo garanzia di scientificità ma pure strumenti che permettono eventualmente al lettore di condurre lo studio in modo autonomo.

Editorialmente Yanagita produsse, in conformità con il carattere appena esposto, una quantità prodigiosa di brevi studi: i suoi libri sono in massima parte — lo abbiamo visto — raccolta di precedenti pubblicazioni sparse. Anche quei pochi che non si presentano come tali, e che quindi hanno uno svolgimento più unitario, non sono stati mai pensati e programmati a tavolino, ma sono sorti da corsi di lezioni e conferenze, o da semplice rielaborazione di materiali raccolti in passato e per qualche motivo non ancora pubblicati, o ancora come compilazioni originate da situazioni occasionali più che da un avanzamento nella logica interna della sua ricerca. Se ci atteniamo alle opere più significative, si potrebbe dire che solo in un paio di casi Yanagita prese in mano la penna con l'esplicito ed unico intento di scrivere un libro: quando gli fu commissionata una *Storia del periodo Meiji e Taishô: aspetti sociali*[62], e quando nel giro di poche settimane stese, come risposta all'imminente tragedia della fine della guerra, il libro *Sui nostri antenati*[63].

Come mezzo più agevole per una panoramica sulla produzione di Yanagita, passeremo ora ad illustrare schematicamente il contenuto del *Teihon,* limitandoci però — come detto — solo a quelle pubblicazioni che apparvero in forma di libro; cercheremo di indicar-

---

[61] Si consideri il resoconto delle attività di Yanagita come appare dalla « Cronologia della vita » (B/193) nel 5° volume supplementare del *Teihon.*
[62] B/339.a.
[63] B/338.

ne genericamente il contenuto quando già non traspaia dal titolo, di precisarne la data di stesura o della eventuale precedente pubblicazione in forma di articolo o saggio, ed indicando le riedizioni che se ne fecero fino alla morte di Yanagita. Avremo ottenuto, così, anche la bibliografia di Yanagita di gran lunga più completa fra quelle apparse finora in lingue occidentali.

La raccolta del *Teihon* non procede cronologicamente, ma per un tacito raggruppamento di temi, facilmente identificabile nella sua struttura, e che ora metteremo in evidenza. Rimane solo da specificare che in presenza di differenti edizioni di una stessa opera, il *Teihon* riporta l'ultima redazione apparsa mentre l'autore era ancora in vita.

Volume 1: i mari e le isole del Giappone a sud del Kyûshû. Raccoglie 3 libri e 5 altri contributi. *La via sul mare* [64] (1961), già più volte citata, è l'ultimo libro pubblicato da Yanagita: contiene nove saggi, datati tra il 1950 e il 1960, e tratta di una serie di dati del folklore sui quali egli basa la teoria dell'arrivo in Giappone di una cultura risicultrice dai Mari del Sud; se ne è fatta una riedizione nel 1967 [65]. Il secondo libro è *Piccolo diario delle isole meridionali* [66]: comparso nel 1925, contiene note di viaggio, leggende, particolarità e dati di storia locale raccolti per la massima parte in un viaggio fino ad Okinawa compiuto sul finire del 1920 e pubblicati a puntate nel 1921 sul « *Tôkyô Asahi shinbun* »; ha goduto considerevole successo di lettori, ed è stato ripubblicato nel 1940 [67], nel 1952 [68] e nel 1956 [69]. Il terzo libro, *Vita umana delle isole* [70] raccoglie materiali già pubblicati fra il 1909 e il 1951, e si occupa di vari aspetti concreti della vita, della società e della cultura del Giappone in quanto paese di isole: come i due precedenti, tende a sviluppare e comunicare quella primordiale sensazione — così viva in Yanagita anche al di là dei dati storici effettivi — che il Giappone è nelle sue origini legato al mare.

Volume 2: note di viaggio attraverso il Giappone. Raccoglie 4 libri e 4 altri contributi. *La primavera nel paese delle nevi* [71] (1928)

---

[64] B/256.a.
[65] B/256.b.
[66] B/257.a.
[67] B/257.b.
[68] B/257.c.
[69] B/257.d.
[70] B/343.
[71] B/383.a.

è costituito da note di viaggio nel Tôhoku, la regione nord-orientale dello Honshû, un'altra grossa riserva di folklore: la parte principale del libro si riferisce soprattutto al viaggio del 1920, e di quella comparvero i resoconti a puntate sul «*Tôkyô Asahi shinbun*», ma vi sono stati aggiunti altri materiali, quasi tutti già apparsi in precedenza; questo volume ebbe una fortuna parallela a quella di *Piccolo diario delle isole meridionali*[72], con le medesime riedizioni: nel 1940[73], nel 1953[74], e nel 1956[75]. *Taccuino del vento d'autunno*[76] è invece un insieme di materiali più sparsi (dal 1909 al 1932), imperniati su un viaggio compiuto nella regione occidentale dello Honshû nell'autunno del 1920; già comparso — nella parte essenziale — sulle pagine del «*Tôkyô Asahi shinbun*», fu ripubblicato nel 1940[77], dopo la prima edizione che risale al 1933. *Antiche cronache di viaggio nelle regioni orientali*[78] (1952) è la ripubblicazione di un saggio in tre puntate apparso nel 1949 sulla rivista «*Viaggi*»[79]. *La foglia del fagiolo ed il sole*[80] (1941) è una raccolta di scritti già pubblicati tra il 1907 ed il 1935 a proposito di viaggi compiuti in varie zone del Giappone; il titolo, come avviene anche in altri casi, è desunto dal primo dei saggi che contiene. Vi è da aggiungere che parte degli scritti di Yanagita che appaiono in questo secondo volume del *Teihon* (ed anche alcuni del terzo volume) furono proposti in una *Raccolta miscellanea di scritti di viaggio*[81] (1929), assieme a testi di Ôwada Tateki e di altri, per una collana di letteratura contemporanea.

Volume 3: note di viaggi in Giappone e all'estero. Raccoglie 2 libri ed altri materiali, in parte editi ed in parte inediti, di cui ora daremo conto. *Diario di viaggio nelle regioni settentrionali*[82] (1948) è la pubblicazione di scritti, per lo più rimasti fino ad allora inediti, datati tra il 1907 ed il 1947, riguardanti viaggi nell'isola di Hokkaidô, a partire da quello compiuto nell'estate del 1906. *Sugae Ma*-

---

[72] B/257.a.
[73] B/383.b.
[74] B/383.c.
[75] B/383.d.
[76] B/350.a.
[77] B/350.b.
[78] B/361.
[79] B/124.
[80] B/280.
[81] B/393.
[82] B/243.

sumi[83] (1942) è una raccolta di studi sui viaggi e sui diari di Sugae Masumi (1754-1829), etnografo-viaggiatore del periodo Edo, il cui nome originario era Shirai Hideo: questi studi erano i più significativi fra quelli già apparsi tra il 1929 ed il 1932, come introduzioni e commenti a ben sei opere di Sugae Masumi curate da Yanagita[84], nel centenario della morte. Soprattutto dal 1922 Yanagita aveva infatti iniziato a leggere abbondantemente la tradizionale letteratura di viaggio, perché egli negli anni '20 aveva individuato almeno in parte la propria missione in questo ruolo di viaggiatore nel vasto e sperduto mondo dove rimaneva inalterata la vita tradizionale; di questo studio rimangono altre due pubblicazioni curate da lui: l'edizione di un'antologia di viaggiatori del passato[85], e di un celebre diario di viaggio nella regione del fiume Tone (che attraversa le prefetture di Niigata, Nagano e Gumma, prima di gettarsi nel Pacifico, segnando il confine tra Chiba-*ken* e Ibaraki-*ken*), opera di Akamatsu Sôdan[86]. *Diario svizzero*[87] e *Ricordi di Ginevra*[88] sono due compilazioni, mai pubblicate come tali, di materiali in parte editi ed in parte inediti databili 1922-1923 per la prima, e 1918-1946 per la seconda: trattano di ricordi ed aspetti della vita in Occidente, soprattutto in Svizzera, a proposito dei quali Yanagita parlò e scrisse, tornato in Giappone dopo il suo soggiorno all'estero, soprattutto in chiave di curiosità da far conoscere ai Giapponesi, ed in termini di comprensione e collaborazione tra popoli diversi. *Taccuino del mercoledì*[89] è per la maggior parte la raccolta, mai pubblicata ma forse in progetto, di una lunga serie di brevi note che egli settimanalmente — per un certo periodo — stese attingendo ai propri taccuini di viaggio e pubblicò nella rivista « Tradizioni popolari »[90], dal 1940 al 1944; ma comprende anche altri testi, databili tra il 1910 ed il 1953.

Volume 4: le popolazioni di montagna: aspetti della vita, ma soprattutto folklore orale (leggende e racconti popolari). Raccoglie 5 libri ed altri 4 contributi minori. Il primo libro è il celeberrimo *Leggende di Tôno*[91] (1910), del quale in precedenza si è già detto

---

[83] B/353.
[84] B/98, B/99, B/100, B/101, B/102, B/103.
[85] B/258.
[86] B/80.
[87] B/354.
[88] B/254.
[89] B/355.
[90] B/119.a.
[91] B/362.a.

abbastanza; basterà ricordare che è stato ripubblicato — vivente Yanagita — ancora nel 1935[92], nel 1948[93], nel 1951[94] e nel 1955[95], da altrettanti diversi editori. *Vita umana sui monti*[96] (1926) è una serie di brevi racconti e resoconti già pubblicati l'anno precedente su una rivista non specializzata, cui sono aggiunti pochi altri materiali apparsi nel 1918; è stato ripubblicato nel 1947[97]. *Le leggende come materiali storici*[98] (1944) consiste, nel suo nucleo, in un saggio di una certa importanza, anche se non si tratta propriamente di un contributo teorico: comparso in un primo tempo su una rivista di storia nel 1925, è completato qui con materiali accessori risalenti fino al 1919; una nuova edizione si è avuta nel 1957[99]. *Racconti di spiriti*[100] (1956), sebbene apparso così tardi è compilazione di materiali sparsi già pubblicati fra il 1909 ed il 1938. Possiamo — per inciso — qui citare una compilazione in certo senso affine, anche se desunta dal mondo letterario invece che da quello del folklore orale: una *Collezione di racconti strani del periodo premoderno*[101], edita in collaborazione con Tayama Katai, che risale al 1903. L'ultimo libro di questo volume del *Teihon* è *Divinità della montagna e okoze*[102] (*okoze* è il nome di un pesce che si offre in particolare alla divinità della montagna): pubblicato nel 1936, è costituito da un saggio omonimo già apparso nel 1910-1911 su una rivista di antropologia, e da altri materiali di accompagnamento già compresi tra i libri appena citati in questo stesso volume del *Teihon,* che ovviamente qui non sono stati riprodotti una seconda volta.

Volume 5: folklore orale: leggende locali. Raccoglie 3 libri e 7 altri contributi, tutti ispirati al desiderio di accumulare e far conoscere, con un'abbondanza che supplisce alla sistematicità, il mondo delle leggende popolari che circonda e addirittura plasma la vita spirituale delle popolazioni locali. *Leggende*[103] (1940) è un libro

---

[92] B/362.b.
[93] B/362.c.
[94] B/362.d.
[95] B/362.e.
[96] B/369.a.
[97] B/369.b.
[98] B/348.a.
[99] B/348.b.
[100] B/382.
[101] B/91.
[102] B/370.
[103] B/228.

scritto *ex-novo* (ma su temi da Yanagita già abbondantemente trattati) per una collana divulgativa, e presenta sia considerazioni generali che materiali concreti. *Il piccolo monaco con un occhio solo, ed altre leggende* [104] (1934) ripropone una serie di leggende già pubblicate tra il 1913 ed il 1932. *Pensieri di legno, parole di pietra* [105] (1942) raccoglie una serie di scritti, imperniati su un contributo in cinque parti comparso tra il 1928 e il 1929 sulla rivista « *Viaggi e leggende* » [106]; è stato ripubblicato, con aggiunte, nel 1948 [107].

Volume 6: folklore orale: teoria della letteratura orale, soprattutto i *mukashibanashi*. Raccoglie 3 libri. Il primo, *Considerazioni sulla storia della letteratura orale* [108], apparve nel 1947, raccogliendo 5 scritti, solo i primi due dei quali particolarmente consistenti, risalenti al 1932-1940; in particolare il primo di essi era già comparso come fascicolo separato di una collana di storia della letteratura giapponese, con il titolo *Lineamenti di letteratura orale* [109]: è l'opera teorica più significativa e sistematica di Yanagita a proposito di folklore orale. A temi affini sono rivolti anche *Mukashibanashi e letteratura* [110], compilato nel 1938 con saggi risalenti al 1929-1938, e *Annotazioni sui mukashibanashi* [111], pubblicato nel 1943 con saggi risalenti al 1928-1942; la prima opera fu riedita nel 1951 [112] e nel 1956 [113], la seconda — con aggiunte e revisioni — nel 1957 [114].

Volume 7: folklore orale: letteratura di recitazione, espressioni popolari comiche, poesia *haikai*, danza. Raccoglie 3 libri e 14 altri contributi. *Narrativa e recitazione dei menestrelli* [115] vuole istituire, sulla base di materiali concreti, una continuità fra le recitazioni orali dei menestrelli (*katarimono*) ed i prodotti letterari della narrativa (*monogatari*) che successivamente comparvero trattando i medesimi temi. Comparve nel 1946, in base a scritti risalenti al periodo 1915-

---

[104] B/245.
[105] B/289.a.
[106] B/125.a.
[107] B/289.b.
[108] B/272.
[109] B/273.
[110] B/294.a.
[111] B/293.a.
[112] B/294.b.
[113] B/294.c.
[114] B/293.b.
[115] B/292.

1944. *Il voto originario del riso* [116] e *L'arte della sventura* [117] sono due raccolte di 6 e 7 saggi [118]: temi sono lo spirito comico, le parole mordaci, le bugie, la crudezza del linguaggio nella lingua e nella letteratura popolare; pubblicate nel 1946 e nel 1953, riproducono materiali risalenti rispettivamente al periodo 1928-1943 e 1927-1947.

Volume 8: folklore orale: racconti popolari riguardanti soprattutto donne e bambini, e metodologia di raccolta dei racconti popolari. Raccoglie 2 libri e 3 altri contributi. *La nascita di Momotarô* [119] (nome di bambino protagonista di una celeberrima fiaba) (1933) è una raccolta di leggende e racconti popolari apparsi a puntate sulla rivista « *Viaggi e leggende* » [120] dal 1930 al 1932; è stato ripubblicato nel 1942 [121] e nel 1951 [122]. *Donne e tradizioni popolari* [123] è una compilazione di dati del folklore, soprattutto orale, riguardanti le donne, comparsi per la prima volta a puntate su un settimanale tra il 1926 ed il 1927, e poi raccolti in un libro nel 1932; un'altra edizione si ebbe nel 1949 [124].

Volume 9: religione popolare: personaggi del popolo depositari di poteri religiosi (donne con poteri sciamanici, « monaci » itineranti, ecc.). Raccoglie 1 libro e 11 altri contributi. *La forza della sorella minore* [125] è una raccolta di saggi sulla figura della donna-sciamano nelle isole meridionali del Giappone: sono materiali scritti tra il 1916 ed il 1937, e qui riproposti nel 1940; il libro è stato ripubblicato anche nel 1953 [126] e nel 1957 [127].

Volume 10: la religione *Shintô*. Raccoglie 5 libri e 2 altri contributi. *Sui nostri antenati* [128] è il volume di cui si è già a più riprese parlato in precedenza: scritto nel 1945, apparve l'anno successivo. *I matsuri del Giappone* [129] è un corso di sette lezioni tenute nel 1941

---

[116] B/366.
[117] B/229.
[118] Se non contiamo i tre saggi che nella seconda opera si duplicano con quelli della prima.
[119] B/291.a.
[120] B/125.a.
[121] B/291.b.
[122] B/291.c.
[123] B/253.a.
[124] B/253.b.
[125] B/247.a.
[126] B/247.b.
[127] B/247.c.
[128] B/338.
[129] B/310.a.

alla Università Imperiale di Tôkyô: pubblicato nel 1942, è ricomparso nel 1953 [130] e nel 1956 [131]. *Shintô e scienza del folklore* [132] è una serie di scritti, raccolti nel 1943, ed imperniati su di una conferenza tenuta — col medesimo titolo — nel 1941. *Rituali festivi e società* [133] appartiene invece ad un periodo precedente, quando l'interesse di Yanagita per le feste religiose dello *Shintô* era ancora incipiente: fu scritto sostanzialmente nel 1918 e pubblicato nel 1922. *Introduzione allo studio degli uomini-divinità* [134] è un saggio pubblicato nel 1926 su una rivista e riproposto come libro (dispense universitarie) nel 1952: tratta di quelle figure che, nello *Shintô,* da personaggi umani assurgono al ruolo di divinità (*hitogami*).

Volume 11: aspetti della religione giapponese arcaica. Raccoglie 4 libri e 2 altri contributi. *Compilazione sulle divinità-alberi* [135] (1953) tratta del folklore religioso in connessione alla vegetazione, ripresentando materiali che vanno dal 1911 al 1951. *Considerazioni sui giorni festivi* [136] (1946), *Considerazioni sui santuari di montagna* [137] (1947) e *Divinità tutelari del clan e fedeli del clan* [138] (1947) sono tre raccolte di saggi inediti, che trattano temi nodali della religione giapponese *Shintô* come vive fra il popolo al di fuori della ideologia e delle istituzioni ufficiali; esse insieme costituirono il tentativo di iniziare una collana di « Conversazioni di *Shinkokugaku* », che in appendice ad ogni volume riportava anche altri saggi sparsi di folklore.

Volume 12: aspetti della religione giapponese arcaica. Raccoglie 3 libri e 7 altri contributi, questi ultimi costituiti da dati e leggende su antiche tombe. *Domande e risposte sulle divinità di pietra* [139] è la pubblicazione del carteggio che su questo tema Yanagita intrattenne con altri studiosi e folkloristi: apparso nel 1910, fu riedito nel 1933 [140] e nel 1941 [141]. *Il racconto di colui che ha aiutato la divi-*

---

[130] B/310.b.
[131] B/310.c.
[132] B/347.
[133] B/328.
[134] B/240.
[135] B/345.
[136] B/327.
[137] B/368.
[138] B/365.
[139] B/249.a.
[140] B/249.b.
[141] B/249.c.

nità [142] (1950) contiene leggende e studi su divinità del folklore risalenti al 1920-1928, fra cui un saggio dal medesimo titolo già apparso in forma di libro nel 1920 [143]; anche un altro saggio, *Racconto sulla tomba dell'infante* [144] (1920) aveva visto la luce come pubblicazione indipendente. *Considerazione su Oshira-kami* [145] (1951) rappresenta degli scritti sulla « divinità del baco da seta », risalenti al 1928-1932.

Volume 13: folklore religioso: ricorrenze e celebrazioni calendariali. Raccoglie 3 libri e 5 altri contributi. *Annotazione sugli eventi annuali* [146] è una compilazione di materiali già pubblicati tra il 1914 ed il 1950; apparsa nel 1955 e ripubblicata nel 1956 [147], era stata preceduta da una pubblicazione parziale, in libro, del 1949 dal titolo *Eventi annuali* [148]. *Il nuovo sole* [149] (1956) tratta soprattutto di eventi annuali connessi al Capodanno: ripropone materiali già apparsi tra il 1916 ed il 1950. *Lettere del lunedì* [150] (1954) è la raccolta di contributi su temi vari di folklore, stesi tra il 1943 ed il 1949 per la rivista « *Tradizioni popolari* » [151], in uno stile a mezza via tra l'editoriale e la conversazione.

Volume 14: folklore materiale: usi e costumi tradizionali nel cibo, nel vestiario, nell'abitazione, nella coltivazione, ecc. Raccoglie 3 libri e 11 altri contributi. *Prima del filo di cotone* [152] comprende una serie di scritti apparsi tra il 1911 ed il 1939; dopo una prima edizione nel 1939 ve ne furono altre due, nel 1952 [153] e nel 1955 [154]. *Cibo e cuore* [155] (1940) rappresenta contributi apparsi tra il 1932 ed il 1936. *Il futuro del miglio* [156] è un fascicoletto scritto e pubblicato nel 1939.

---

[142] B/261.
[143] B/260.
[144] B/216.
[145] B/322.
[146] B/301.a.
[147] B/301.b.
[148] B/300.
[149] B/217.
[150] B/234.
[151] B/119.a.
[152] B/290.a.
[153] B/290.b.
[154] B/290.c.
[155] B/357.
[156] B/238.

Volume 15: folklore sociale: la famiglia. Raccoglie 2 libri e 20 altri contributi. *Sul matrimonio* [157] (1948) è l'opera di cui si è fatto cenno anche in precedenza, a proposito di una sua recensione in lingua inglese; ripropone materiali apparsi tra il 1929 ed il 1947. *Conversazione sulla casa* [158] è di poco precedente: apparve nel 1946 sulla base di scritti del periodo 1929-1944.

Volume 16: folklore sociale: storia, economia, cultura e società del mondo contadino. Raccoglie 3 libri e 5 altri contributi. *Il nostro tempo e la politica agraria* [159] (1910) ripropone alcuni degli interventi di Yanagita nel periodo 1906-1909, quando era ancora funzionario del governo; fu ripubblicata nel 1948 [160], con alcune aggiunte del 1939. *Storia della popolazione contadina del Giappone* [161] è un corso di lezioni tenute tra il 1925 ed il 1926 all'Università Waseda di Tôkyô; fu edito nel 1931, e ripubblicato nel 1937 [162] e nel 1946 [163]. *Città e villaggi* [164] è invece un libro scritto nel 1929, come contributo alla storia degli insediamenti contadini del Giappone tradizionale.

Volume 17: folklore orale: canzoni popolari e commenti alla poesia *haikai*. Raccoglie 3 libri ed un'altra compilazione che però non arrivò alla pubblicazione. *Annotazioni sulle canzoni popolari* [165] è stata pubblicata nel 1940 ma si rifà a materiali comparsi a partire dal 1925. *Presente e passato delle canzoni popolari* [166] è invece meno recente: apparve nel 1929 riproponendo testi databili 1926-1927. *Commentario ad haikai* [167] segna in un certo senso un ritorno di Yanagita ad interessi strettamente letterari: egli durante e subito dopo la Seconda Guerra mondiale — sicuramente anche a causa delle difficoltà ed incertezze dei tempi — si interessò per qualche tempo della poesia *haikai,* anche di quella dei grandi autori e non solo di quella anonima e popolaresca, forse perché riteneva possibile ricondurla allo spirito e al genio della nazione, più che non la poesia

---

[157] B/271.
[158] B/246.
[159] B/251.a.
[160] B/251.b.
[161] B/311.a.
[162] B/311.b.
[163] B/311.c.
[164] B/364.
[165] B/284.
[166] B/283.
[167] B/236.a.

waka, alla quale si era da giovane dedicato; senza contare che egli considerava il genere *haikai* — poesie composte in sedute comuni e non scritte a tavolino per essere pubblicate — come un genere, sostanzialmente, di letteratura orale. Il libro di cui stiamo parlando apparve nel 1947, raccogliendo saggi pubblicati tra il 1942 ed il 1947; ebbe una riedizione nel 1951 [168]. Subito dopo, nel 1948, Yanagita pose mano ad un *Commentario ad haikai, Continuazione* [169], che non uscì mai, ed è stato pubblicato per la prima volta nel *Teihon.*

Volume 18: dialetti e lingua nazionale: soprattutto problemi e temi generali. Raccoglie 5 libri. *Considerazioni sulla chiocciola* [170] è lo studio — cui si è già accennato — sulla diffusione dei dialetti giapponesi, operato indagando sulle varie designazioni locali della chiocciola; pubblicato a puntate nel 1927, è apparso in forma di libro nel 1930, ed in altra edizione nel 1943 [171]. *Annotazioni sui dialetti* [172] (1942) è una raccolta di saggi scritti tra il 1927 ed il 1942. *Dialetto e passato, e altri saggi* [173] è una raccolta di scritti apparsa nel 1950; in questo volume del *Teihon* è riportato solo il saggio più importante, quello che dà il titolo al libro, scritto nel 1927 per una rivista, mentre gli altri sono sparsi — a seconda del tema — in altri volumi del *Teihon. Storia della lingua nazionale - La nuova lingua* [174] è un'opera scritta inizialmente, con titolo leggermente diverso (*Discussione sulla nuova lingua* [175]) nel 1934 come settimo volume di una collana sulla lingua giapponese; la nuova edizione, arricchita, è del 1936. *Lingua standard e dialetti* [176] (1949) è una raccolta di saggi apparsi tra il 1939 ed il 1947. A queste opere andrà aggiunta — non riprodotta nel *Teihon* — una compilazione dal titolo *Raccolta del dialetto di Izu e Ōshima* (penisola di Izu, Shizuoka-*ken*; isola di Ōshima, al largo della penisola di Izu) [177] (1942).

Volume 19: dialetti e lingua nazionale: soprattutto analisi e riscoperta della lingua comune. Raccoglie 3 libri e 4 articoli. *Il futu-*

---

[168] B/236.b.
[169] B/237.
[170] B/255.a.
[171] B/255.b.
[172] B/241.
[173] B/242.
[174] B/344.b.
[175] B/344.a.
[176] B/244.
[177] B/250.

ro *della lingua nazionale* [178] (1939) raccoglie scritti del periodo 1935-1939, fra cui uno apparso in forma di libro col titolo *L'educazione linguistica del passato* [179] (1937); una edizione accresciuta si ebbe nel 1953 [180]. *Da che parte è l'ovest?* [181] (1948) e *Parole di ogni giorno* [182] (1946) sono compilazioni di semplici brevi contributi sulla storia di termini ed espressioni della lingua giapponese tradizionale: la prima risale, come materiali, al periodo 1927-1946; la seconda risale al 1942-1946 ed ha avuto altre due edizioni: una nel 1951 [183], ed una altra, aumentata, nel 1956 [184].

Volume 20: lingua nazionale (soprattutto storia di termini e di nomi) ed educazione dei bambini e dei giovani alla cultura (soprattutto linguistica) tradizionale. Raccoglie 3 libri e 7 altri contributi, dei quali uno — *Come si legge 'Mizukaidô'* [185] (nome di un'antica strada) — oltre ad essere apparso nel 1951 con titolo leggermente diverso sulla rivista « *Tradizioni popolari* » [186] fu pubblicato pure come fascicolo a parte, nel medesimo anno. *Studio sui nomi di luogo* [187] (1936) è un insieme di scritti risalenti al 1912-1934, dei quali una parte era apparsa nel 1933 in un libro che, includendo pure materiali di diverso tema portava il titolo *Sui nomi di luogo, ed altri saggi* [188]; fu ripubblicato nel 1947 [189]. *La voce dei piccoli* [190] è una serie di interventi su temi vari di folklore (apparsi fin dal 1924) incentrati sui bambini e proposti ad essi; la prima edizione è del 1933, e la seconda — aumentata — del 1942 [191]; ad essa fecero seguito quelle — invariate — del 1950 [192] e del 1960 [193]. *Giovani e lingua nazionale* [194] (1957) ripropone scritti del 1938-1952.

---

[178] B/267.a.
[179] B/295.
[180] B/267.b.
[181] B/313.
[182] B/279.a.
[183] B/279.b.
[184] B/279.c.
[185] B/288.
[186] B/119.a.
[187] B/227.a.
[188] B/226.
[189] B/227.b.
[190] B/224.a.
[191] B/224.b.
[192] B/224.c.
[193] B/224.d.
[194] B/349.

Volume 21: educazione al folklore: cultura, usanze e vita tradizionale spiegati ai bambini. Raccoglie 5 libri. *Descrizione di usanze dei bambini* [195] (1942) è la raccolta di una serie di articoli apparsi nel 1941 sul quotidiano « *Tôkyô Asahi shinbun* » che tratta dei tradizionali giochi dei bambini giapponesi; fu ripubblicata nel 1951 [196] e nel 1960 [197]. *Indovinelli e proverbi* [198] (1952) raccoglie scritti del 1930-1946; il primo di essi in ordine di tempo è *Conversazione sui proverbi* [199], apparso come libro a parte nel 1930, oltre che in una opera collettiva dello stesso anno — sempre per ragazzi — dal titolo *Poesie - Haiku - Proverbi* [200]. *Il fuoco nel passato* [201] (1944) è un libretto di testi inediti nei quali Yanagita racconta, per i bambini, aspetti della cultura materiale e dei modi di vita nel passato: un tema che sul finire della guerra lo assorbì molto, e che si prolunga nei due titoli che seguono. *Villaggio e scolari* [202] (1945) contiene alcuni scritti, dei quali uno — *Le canzoni del gioco della palla apprese da mia madre* — fece da titolo alle edizioni successive del 1949 [203] e del 1952 [204], delle quali la prima conteneva un saggio in meno, e la seconda un saggio in più rispetto all'edizione originaria. *Aspetti del villaggio* [205] (1948) è anch'esso una descrizione, per i bambini, della vita nelle campagne, già apparsa a puntate su un settimanale tra il 1941 ed il 1945. L'opera divulgativa di Yanagita — possiamo aggiungere — è testimoniata anche da due volumetti, scritti nel 1949 sui principali temi del folklore orale e sociale, che non sono stati inclusi nel *Teihon*: *Vari linguaggi* [206] e *Vari generi di esistenza* [207].

Volume 22: flora e fauna locale, con annesso folklore. Raccoglie 4 libri e 3 altri contributi. *Annotazioni sparse sulle erbe di campagna* [208] e *Annotazioni sparse sugli uccelli di campagna* [209] sono due

---

[195] B/264.a.
[196] B/264.b.
[197] B/264.c.
[198] B/299.
[199] B/275.
[200] B/403.
[201] B/239.
[202] B/298.
[203] B/235.a.
[204] B/235.b.
[205] B/297.
[206] B/274.
[207] B/336.
[208] B/316.a.
[209] B/320.a.

libri che raccolgono scritti del periodo 1926-1939; pubblicati ambedue nel 1940 come due volumi rilegati in un unico tomo, furono ripubblicati separatamente nel 1956[210]. *Miscellanea sulla regione di Shinshû* (l'attuale Nagano-*ken*)[211] (1936) raccoglie contributi iniziati a scrivere già nel 1926; i temi principali — ma non esclusivi — sono quelli del folklore floreale: questi soli sono invece riproposti, con addizioni, in una successiva edizione del 1948[212]. *Miscellanea sulla scimmia orfana*[213] (1939) è una raccolta di scritti vari, datati 1926-1939, sul tema fauna e folklore.

Volume 23: materiali biografico-bibliografici e contributi minori. Raccoglie 2 libri, un'altra opera non giunta alla pubblicazione, ed un gran numero di recensioni, e di prefazioni a libri altrui o a compilazioni curate da lui stesso. *Note di lettura dalla seclusione*[214] (1933) è una raccolta di recensioni, prefazioni e note di lettura, databili 1907-1933; fu ripubblicata nel 1949[215]. *Note di lettura nella vecchiaia*[216] (1950) contiene materiali analoghi al libro precedente, databili 1932-1944; uno di questi contributi — *Conversazione sugli attrezzi agricoli*[217] — era già apparso sotto forma di fascicolo separato nel 1939. *Guida bibliografica alla ' Biblioteca del focolare '*[218] (1924) è la più antica di queste compilazioni di carattere bibliografico: nacque in margine ad una collana di folklore ed ebbe una edizione arricchita l'anno successivo[219]. *Un passato insignificante*[220] è un insieme di ricordi autobiografici a proposito di personaggi ed eventi dei quali Yanagita era stato testimone negli ultimi cinquant'anni; i testi più antichi risalgono al 1903, quelli più recenti al 1951, ma l'opera non arrivò alla pubblicazione e — fino alla sua comparsa nel *Teihon* — rimase inedita.

Volume 24: storia e folklore. Raccoglie 2 libri e 8 altri contributi, dei quali uno — *La politica culturale*[221] — apparve nel 1941

---

[210] B/316.b, B/320.b.
[211] B/346.a.
[212] B/346.b.
[213] B/266.
[214] B/358.a.
[215] B/358.b.
[216] B/324.
[217] B/315.
[218] B/325.a.
[219] B/325.b.
[220] B/335.
[221] B/218.

come fascicolo indipendente, annesso ad una rivista. *Storia nazionale e scienza del folklore* [222] (1944) ripropone scritti del periodo 1931-1940, il principale dei quali era stato pubblicato a parte, con lo stesso titolo, nel 1935 [223]; riapparve con aggiunte nel 1948 [224]. *Storia dell'era Meiji e Taishô: aspetti sociali* [225] (1931) è l'opera storica di cui si è già detto in precedenza a proposito della sua parziale traduzione in lingua inglese [226]; una riedizione è riapparsa nel 1966 [227].

Volume 25: teoria, metodo e storia della scienza del folklore. Raccoglie 5 libri e 9 altri contributi. *Discussioni di etnografia locale* [228] (1922) rappresenta alcuni saggi apparsi tra il 1914 e il 1918. *Giovani e sapere* [229] (1928) è un insieme di saggi sullo stato delle scienze folkloriche: il titolo, desunto dal primo di essi, fu poi cambiato, nell'edizione successiva, in *Dieci lezioni sugli studi locali* [230] (1931). *Il metodo di ricerca sulla vita locale* [231] (1935) propone alcuni scritti mai prima pubblicati e databili 1931. *Teoria delle tradizioni popolari* [232] (1934) è — come accennato ripetutamente in precedenza — forse il più importante lavoro teorico di Yanagita; tuttavia è significativo che — a documentare l'insoddisfazione dell'autore per questa opera — solo l'introduzione ed il primo capitolo siano stati riportati nel *Teihon*. *Etnografia di Kitakoura* (villaggio della isola di Sado, Niigata-*ken*) [233] (1949) è un resoconto di ricerca sul campo, che inaugurò una collana di lavori analoghi da parte di altri folkloristi.

Con il volume 26 si opera una svolta nel piano del *Teihon*, inizialmente programmato in soli 25 volumi, più 3 volumi supplementari; sono stati cioè immessi nuovi scritti, che in un primo tempo si era pensato di escludere (probabilmente per volere stesso di Yanagita, fin che questi era vivo). Questo fatto torna ovviamente a danno della relativa coerenza logica nella disposizione dei materiali, che era stata mantenuta fino ad ora.

---

[222] B/269.a.
[223] B/268.
[224] B/269.b.
[225] B/339.a.
[226] B/67.
[227] B/339.b.
[228] B/278.
[229] B/337.a.
[230] B/337.b.
[231] B/277.
[232] B/282.
[233] B/263.

Volume 26: compilazioni di folklore, soprattutto orale, e produzione giovanile, soprattutto poetica. Raccoglie 2 libri, un gran numero di voci scritte per enciclopedie e dizionari, una selezione da poesie e scritti per lo più di argomento letterario che Yanagita da studente pubblicò — negli anni '90 del secolo scorso — sulla rivista letteraria « *Shigarami sôshi* »[234] e sulla « *Rivista della Associazione Amici della Scuola* »[235] pubblicata dal liceo da lui frequentato, due raccolte private di poesie selezionate da Yanagita stesso nel 1887[236] e nel 1920[237] e mai prima pubblicate come tali, una selezione dai suoi diari, ed una quindicina di altri titoli, per lo più di poesie. Resta da dire comunque che non tutta l'opera poetica di Yanagita è contenuta nel *Teihon*: ad esempio le sue poesie in « nuovo stile » (*shintaishi*: in sostanza lo stile occidentale, non legato ai metri tradizionali della poesia giapponese) che ci sono note — poco meno di una trentina — andranno cercate altrove[238]. Di diverso carattere sono i due libri posti all'inizio del volume: *Mukashibanashi del Giappone* è la raccolta di fiabe scelte e trascritte da Yanagita ad uso dei bambini, della quale si è detto a proposito della sua traduzione inglese[239]; apparso per la prima volta nel 1930 come prima parte di un'opera più vasta e col titolo leggermente diverso di *Collezione di mukashibanashi del Giappone, I*[240], fu riedita col titolo definitivo nel 1934[241], nel 1941[242], nel 1950[243], nel 1953[244] e — rinnovata — nel 1960[245]. *Leggende del Giappone* è un'analoga raccolta di quelle tradizioni orali che per caratteri diversi dalle fiabe o racconti popolari vengono dette « leggende »; comparve nel 1929 col titolo *Raccolta di miti e leggende giapponesi*[246] (ma vi sono anche copie col solo titolo *Raccolta di leggende giapponesi*), e prese il titolo defi-

---

[234] B/121.
[235] B/117.
[236] B/225.
[237] B/252.
[238] B/93, B/96.
[239] B/65.a, B/65.b, B/66.
[240] B/309.a.
[241] B/309.b.
[242] B/309.c.
[243] B/309.d.
[244] B/309.e.
[245] B/309.f.
[246] B/304.a.

nitivo nell'edizione del 1932 [247], cui fecero seguito quelle del 1940 [248], del 1950 [249] e del 1953 [250]. Non pubblicata qui, c'è anche un'altra opera curata da Yanagita che rientra in questi interessi: *Mukashibanashi suddivisi in ragione delle classi scolastiche* [251] (1955).

Volume 27: raccolta di dati locali, riguardanti soprattutto terminologia e leggende. Raccoglie 2 libri, una compilazione non arrivata alla stampa, 25 altri contributi minori, ed una selezione di numerosi articoli apparsi nella rivista « *Studi locali* » [252]. *Registrazione di parole di caccia ancora in uso* [253] è l'analisi, in forma di glossario, della vita di popolazioni di montagna nel centro del Kyûshû; stampato da Yanagita a proprie spese nel 1909, fu ripubblicato nel 1951 [254]. *Raccolta di racconti popolari nelle isole montuose, I* [255] è uno studio accurato sulle varianti locali di alcune leggende che hanno per protagonisti degli esseri mostruosi che abitano i boschi: pubblicato nel 1914 ebbe una riedizione, con aggiunte, nel 1942 [256] ove non è più indicato trattarsi della prima parte di un lavoro più vasto; di fatto però una *Raccolta di racconti popolari nelle isole montuose, II* [257] alla morte di Yanagita era quasi pronta, ed è stata appunto pubblicata in questo volume del *Teihon*.

Volume 28: trattazioni sistematiche di politica ed amministrazione agraria, risalenti al primo decennio di questo secolo, cioè al periodo anteriore alla « conversione » di Yanagita al folklore. Raccoglie un libro, tre corsi di lezioni universitarie mai prima stampati se non forse ad uso interno dei rispettivi atenei, ed un articolo. *Nuovissima spiegazione approfondita delle cooperative di produzione* [258] è un'opera del 1903. *Amministrazione agraria* [259] è un corso tenuto alla Università Waseda tra il 1900 ed il 1904. *La scienza della politica agraria* [260] è un corso tenuto tra il 1902 ed il 1904 alla Università

---

[247] B/304.b.
[248] B/304.c.
[249] B/304.d.
[250] B/304.e.
[251] B/233.
[252] B/118.
[253] B/314.a.
[254] B/314.b.
[255] B/333.a.
[256] B/333.b.
[257] B/334.
[258] B/329.
[259] B/319.
[260] B/318.

Senshû di Tôkyô. *Politica agraria*[261] è un corso tenuto nel 1907 alla Università Chûô di Tôkyô. Anche qui va aggiunto che non tutti gli scritti di Yanagita sulla politica ed economia agraria sono contenuti nel *Teihon*: si dovrà per questo ricorrere a raccolte più complete[262].

Volume 29: contributi sparsi (74 in tutto) di critica sociale e politica, su problemi di educazione e di lingua, ma soprattutto su temi di folklore; erano stati tutti in precedenza pubblicati su riviste, specialmente su « *Studi locali* »[263] e « *Tradizioni popolari* »[264].

Volume 30: contributi sparsi (circa 180): prefazioni ad opere scritte da altri, e numerosi articoli su temi di folklore, riprodotti soprattutto dalle riviste « *Studi locali* »[265], « *Stirpe* »[266] e « *Costumi locali e leggende* »[267].

Volume 31: contributi sparsi (poco più di 100) su temi di folklore, nella quasi totalità già apparsi su riviste; uno di essi — in cui Yanagita figura solo come coautore — era stato pubblicato come fascicolo indipendente: *Il racconto della volpe Otora*[268] (1920).

Volume supplementare 1: editoriali pubblicati sul quotidiano « Tôkyô Asahi shinbun » dal luglio 1924 al giugno 1927.

Volume supplementare 2: editoriali pubblicati sul quotidiano « Tôkyô Asahi shinbun » dal luglio 1927 al settembre 1930.

Volume supplementare 3: autobiografia di Yanagita, dal titolo *Settant'anni di terra natia*[269]: fu pubblicata a puntate nel 1958 su di un quotidiano, e fu raccolta in volume l'anno seguente, con complementi.

Volume supplementare 4: diari e lettere. Raccoglie un libro scritto nel 1944-1945 ed edito nel 1958: *Diario di un carbonaio*[270]; contiene inoltre estratti di altri diari stesi attorno al 1920, e 501 lettere scritte a 47 diverse persone. Quest'ultima è la raccolta più completa della corrispondenza di Yanagita, anche se dal 1975 possiamo disporre di un volume che contiene l'intero carteggio tra Yanagita ed il

---

[261] B/317.
[262] B/371.
[263] B/118.
[264] B/119.a.
[265] B/118.
[266] B/120.
[267] B/114.
[268] B/387.
[269] B/270.
[270] B/356.

naturalista e folklorista Minakata Kumagusu [271]; in precedenza per le lettere di Yanagita si disponeva di un libro pubblicato nel 1950 a cura di Yamashita Hisao [272].

Volume supplementare 5: indici. Contiene un indice analitico dell'intero *Teihon,* un indice alfabetico delle opere di Yanagita raccolte nel *Teihon,* un elenco cronologico di tutte le pubblicazioni di Yanagita, ed una cronologia della vita di Yanagita.

Oltre al *Teihon,* che — come detto — è ormai l'edizione *standard* e definitiva delle opere di Yanagita, altre raccolte e selezioni sono state e continuano ad essere pubblicate. Già nel 1947 fu avviata una *Raccolta delle opere del professor Yanagita Kunio* [273], che si prolungò fino al 1953 per un totale di 12 opere in altrettanti volumi, già compresi fra i titoli che siamo venuti elencando; mentre invece assai recentemente, nel 1978-1979, la stessa editrice del *Teihon* ha voluto rendere accessibili ad un pubblico ancora più vasto le opere maggiormente significative di Yanagita offrendole, con scrittura semplificata, in una *Raccolta delle opere di Yanagita Kunio - Nuova compilazione* [274], che si estende per 12 volumetti di circa 350 pagine l'uno: forse un quinto, come mole, dell'opera maggiore da cui questa selezione è interamente tratta.

E a proposito di questa divulgazione delle opere di Yanagita basterà ricordare ancora che dal 1976 una popolarissima collana tascabile — popolare sia per l'accessibilità del prezzo che per l'eliminazione di molte delle difficoltà di lettura che accompagnano scritti di un certo livello — nella sezione « Pensiero giapponese » ha iniziato ad inserire opere di Yanagita: fino ad ora sono apparsi otto libri in cinque volumetti, e cioè *Leggende di Tôno. Vita umana sui monti* [275], *Giovani e sapere* [276], *Prima del filo di cotone* [277], *Descrizione di usanze dei bambini. Le canzoni del gioco della palla apprese da mia madre* [278], *L'arte della sventura. Il voto originario del riso* [279];

---

[271] B/402.
[272] B/373.
[273] Vol. 1 (B/369.b), vol. 2 (B/227.b), vol. 3 (B/346.b), vol. 4 (B/251.b), vol. 5 (B/289.b), vol. 6 (B/246), vol. 7 (B/253.b), vol. 8 (B/358.b), vol. 9 (B/324), vol. 10 (B/261), vol. 11 (B/322), vol. 12 (B/345).
[274] B/380.
[275] B/363.
[276] B/337.c.
[277] B/290.d.
[278] B/265.
[279] B/230.

ma non c'è dubbio che altre opere saranno proposte nella medesima collana.

Ancor più numerose le antologie di scritti di Yanagita — in genere in un solo volume — che ormai non mancano di essere inserite nelle più prestigiose serie di letteratura o di pensiero contemporaneo: già nel 1931 apparve una *Antologia di Yanagita Kunio*[280] in un volume che racchiudeva pure testi dei letterati Shinmura Izuru (1876-1967), Yoshimura Fuyuhiko (1878-1935) e Saitô Mokichi (1882-1953); nel 1954 divise con Ryû Shintarô (1900-1967) un volume antologico per una serie di scrittori di *zuihitsu* o *zuisô*[281], e nel 1955 ne ebbe uno tutto per sé in una collana di letteratura contemporanea[282]. Dopo la sua morte hanno visto la luce altre due antologie letterarie: nel 1969[283] e nel 1973[284], la prima in comune con Saitô Mokichi ed Origuchi Shinobu; un volume di suoi scritti scelti ha invece trovato posto, nel 1975, in una collezione di pensatori giapponesi contemporanei[285].

Singoli scritti di Yanagita, comunque, appaiono spesso anche in antologie collettive (talvolta a tema) di letteratura[286], di scritti occasionali[287], di poesia[288], che qui sarebbe lungo elencare per disteso; qui, senza neppure addentrarci, citeremo per l'argomento sintetico e stimolante il saggio « *La fede del villaggio* » nel volume collettivo *La mia filosofia*[289] (1950), e l'altro dal titolo « *Il mio credo* » nell'omonimo volume collettivo[290]: il secondo è finito nel volume 23 del *Teihon,* non così il primo.

Appena un cenno sarà sufficiente per i libri che Yanagita scrisse in collaborazione con dei discepoli, su temi del resto già ampiamente trattati: *Taccuino per la raccolta dei mukashibanashi*[291] (1936), un vero e proprio *vademecum* per il raccoglitore sul campo, e *Introdu-*

---

[280] B/374.
[281] B/375.
[282] B/376.
[283] B/377.
[284] B/378.
[285] B/379.
[286] B/397.
[287] B/400, B/401, B/399.
[288] B/93, B/96, B/398.
[289] B/296.
[290] B/367.
[291] B/394.

zione alla scienza del folklore giapponese[292] (1942), ambedue in collaborazione con Seki Keigo; *Il folklore del paese nelle nevi*[293] (1944) assieme a Miki Shigeru; *Considerazione su tredici tombe*[294] (1948) con Hori Ichirô. Esiste anche un libretto[295], poligrafato in soli 150 esemplari, che solo impropriamente può essere detto un'opera congiunta di Yanagita e Origuchi Shinobu: delle tre lezioni sulla letteratura classica in esso contenute, infatti, la prima è di Origuchi, le altre di Yanagita. Un po' differente il caso di due libri nei quali i discepoli si sono limitati a trascrivere e rielaborare quel che avevano ascoltato dalla voce del maestro: *Sui matsuri*[296], steso nel 1949 da Segawa Kiyoko, con una riedizione nel 1955[297], e *Il metodo dell'insegnamento dell'educazione civica*[298] (1948), steso da Wakamori Tarô.

Abbondante è, secondo una prassi editoriale assai invalsa in Giappone, anche il rendiconto registrato di interventi (*zadan*) nelle tavole rotonde, nei simposi, ed in genere nei raduni di studio cui Yanagita prese parte; come pure la trascrizione di confronti o discussioni (*taidan*) che egli sostenne — su temi prefissati ma svolti in libera conversazione — con altri studiosi. Per il primo genere di pubblicazioni abbiamo — raccolte in libro ma ben lungi da essere complete — *La nuova concezione della materia di educazione civica*[299] (1947), *I Giapponesi*[300], pubblicato nel 1954 ma con una seconda edizione nel 1976[301], e *Storia del riso in Giappone*[302], quest'ultima apparsa in tre parti come atti di altrettanti colloqui tenuti nel 1955-1957, e poi ripubblicata in due volumi[303]. Per quanto riguarda invece le discussioni a due, esse sono state raccolte in due volumi, del 1964[304] e 1965[305], che ne contengono rispettivamente 23 e 9, ma anche in questo caso molte sono rimaste sparse nel luogo di

---

[292] B/395.
[293] B/391.
[294] B/388.
[295] B/404.
[296] B/281.a.
[297] B/281.b.
[298] B/340.
[299] B/341.
[300] B/305.a.
[301] B/305.b.
[302] B/248.a.
[303] B/248.b.
[304] B/381.
[305] B/286.

pubblicazione originario. Sarà appena necessario aggiungere che gli scritti appena menzionati non contengono — ovviamente — solo gli interventi di Yanagita, e che essi perciò potrebbero a ugual titolo essere citati come produzione bibliografica dei suoi interlocutori.

Ma l'attività letteraria di Yanagita non termina qui: un altro notevole capitolo andrebbe aperto sulla sua opera di compilatore, curatore, supervisore, animatore di iniziative editoriali che — forse oggi in parte superate dal progresso della raccolta e della ricerca — hanno nondimeno costituito per qualche decennio i pilastri indiscussi per la scienza del folklore giapponese. Qui ci limiteremo a darne — come al solito — un accenno corsivo: a parte le numerose riviste di folklore che in tutti i modi cercò — senza grandi successi — di avviare o sostenere, delle quali oggi si inizia a proporre la ripubblicazione soprattutto in suo onore[306], egli curò per esempio la pubblicazione degli atti (lezioni e dibattito) delle prime due sessioni di studio della appena sorta Società delle Tradizioni Popolari, che portarono rispettivamente il titolo *Ricerche sulla scienza del folklore giapponese*[307] (1935) e *Colloqui sul folklore*[308] (1937); già nel 1925 aveva edito gli *Atti dell'Associazione di Studi Locali*[309]. Yanagita, inoltre, fu anche curatore di un volume di saggi dal tema *Groviglio di teorie sulla cultura di Okinawa*[310] (1947), un tema — quello dell'importanza delle isole meridionali per le origini della cultura giapponese — che dopo la Seconda Guerra mondiale lo prese con un interesse ancora maggiore, fino alla morte.

Il nome di Yanagita compare come supervisore di diverse opere: non solo — assieme a Kawabata Yasunari (1899-1972) — per una compilazione di dati del folklore redatta da Ishida Eiichirô[311], che merita di essere ricordata più che altro per l'accostamento di tre notevoli personaggi, ma soprattutto per una *Registrazione di mukashibanashi in tutta la nazione*[312], che giunse a 13 volumi, ed una *Biblioteca del folklore di tutta la nazione*[313], che totalizzò 7 volumi, il primo dei quali opera di Yanagita stesso[314]: nell'un caso come

---

[306] B/125.b, B/119.b.
[307] B/307.
[308] B/287.
[309] B/276.
[310] B/321.
[311] B/389.
[312] B/385.
[313] B/384.
[314] B/263.

nell'altro si trattava di raccolte di dati sul campo, attività che ad Yanagita premeva assai, preoccupato com'era che molte tradizioni potessero andare distrutte, se non registrate in tempo. Questa raccolta intensiva era stata preceduta — come si è già avuto modo di accennare — da una indagine-campione in alcune decine di villaggi di montagna (tra il 1934 ed il 1937) e sulla costa (tra il 1937 e il 1939), i cui principali risultati furono condensati rispettivamente nel 1937 [315] e nel 1949 [316]: ambedue i volumi sono stati recentemente ripubblicati [317], mentre della loro traduzione inglese si è già detto [318]; analoga indagine fu compiuta tra il 1950 e il 1952 sulle isole minori al largo della costa giapponese, e i risultati apparvero in un volume del 1966 [319] curato — dopo la morte di Yanagita — da Wakamori Tarô.

Importanti opere di consultazione realizzate sotto la direzione di Yanagita furono un *Dizionario di folklore* [320] (1951), anch'esso tradotto in inglese [321], ed una *Spiegazione illustrata degli eventi annuali* [322] (1953): ambedue le opere furono compilate dai membri del suo Istituto di Ricerca per il Folklore. Fu invece in collaborazione con la NHK che Yanagita diresse due opere fondamentali sul folklore orale giapponese: un *Indice dei mukashibanashi giapponesi* [323] (1948), e un *Indice delle leggende giapponesi* [324] (1950), che elencano per tipo, argomenti, varianti — offrendo anche un breve riassunto — tutta la massa di dati fino allora raccolti, ed operando in tal modo una loro prima sistemazione sintetica.

Ed infine, altra pionieristica preoccupazione di Yanagita fu la registrazione della terminologia locale, nella convinzione che gli usi tradizionali andassero raccolti con i termini stessi del luogo, e che la scomparsa delle parole indicanti i fatti del folklore sarebbe stata già in se stessa un impoverimento della lingua e della cultura nazionale: nacque così una rete di glossari, alla fine condensati in un'opera di 5 volumi dal titolo *Glossario comprensivo del folklore giappo-*

---

[315] B/332.a.
[316] B/259.a.
[317] B/332.b, B/259.b.
[318] B/51, B/49.
[319] B/323.
[320] B/285.
[321] B/27.
[322] B/302.
[323] B/308.
[324] B/303.

nese [325] (1955), ove i termini sono presentati in ordine alfabetico; essa però era stata appunto preceduta da un gran numero di pubblicazioni minori, che possono risultare ancora più utili, in quanto sono suddivise per argomento e al loro interno le loro voci sono sottoposte ad un'ulteriore catalogazione: *Glossario classificatorio dei villaggi contadini* [326], in due volumi (1947-1948) che rielaborano una precedente edizione in unico volume [327] (1937); *Glossario classificatorio dei villaggi di pescatori* [328] (1938); *Glossario classificatorio dei villaggi di montagna* [329] (1941), che era stato preceduto da due edizion, nel 1932 [330] e nel 1935 [331]; *Glossario del sistema di parentela* [332] (1943); *Glossario delle usanze matrimoniali* [333] (1937); *Glossario delle usanze connesse alla nascita e alla educazione dei bambini* [334] (1935); *Glossario delle usanze nel vestire* [335] (1938); *Glossario delle usanze nell'abitazione* [336] (1939); *Glossario delle usanze calendariali* [337] (1939); *Glossario delle usanze di tabu* [338] (1938); *Glossario delle usanze funerarie* [339] (1937). Tutti questi repertori di termini finora elencati sono stati recentemente ristampati sotto il titolo generale di *Glossario classificatorio del folklore* [340] (1975), ma senza alcuna variazione, nemmeno nella distribuzione dei volumi; da questa ultima opera però sono rimasti esclusi altri titoli, e cioè il *Glossario classificatorio del linguaggio dei bambini* [341] (1949), annunciato come primo volume anche se il secondo non risulta ancora che sia uscito, il *Glossario classificatorio dei rituali festivi* [342] (1963), apparso l'anno successivo alla morte di Yanagita, ed il *Glossario classificatorio delle usanze nel cibo* [343], pubblicato solo nel 1974.

---

[325] B/351.
[326] B/221.b.
[327] B/221.a.
[328] B/390.
[329] B/331.c.
[330] B/331.a.
[331] B/331.b.
[332] B/386.
[333] B/392.
[334] B/330.
[335] B/231.
[336] B/396.
[337] B/326.
[338] B/262.
[339] B/352.
[340] B/220.
[341] B/219.
[342] B/222.
[343] B/223.

CONCLUSIONE

Al termine di questo veloce sguardo sulla figura e l'opera di Yanagita, non vi è quasi il posto per una conclusione, ma è caso mai questo il momento di iniziare l'indagine in qualche specifica direzione [1], dato che il presente studio aveva un chiaro carattere introduttivo, cioè voleva essere in sostanza una raccolta ed una presentazione di notizie e di dati non facilmente rintracciabili — tutti insieme — altrove. Tuttavia sommando i nudi dati biografici, le impressioni di seconda mano desunte dalle sintetiche valutazioni dei critici o dal tenore delle pubblicazioni su di lui, e l'esplorazione materiale — anche se solo attraverso i titoli dei suoi libri — delle cose che Yanagita ricercò pensò e scrisse, forse alcuni punti si possono ora affermare di lui con maggiore consapevolezza.

Anzitutto Yanagita fu un'eccezionale tempra di uomo, animato da enorme vastità di interessi, che — senza eroici furori ma con insospettata energia — ricercò a lungo con impegno ed onestà la propria missione, si dedicò ad essa totalmente, ricavandone una celebrità che non lo esaltò, anche perché si accompagnava alla consapevolezza, sempre più chiara negli ultimi 10-15 anni della sua vita, che il mondo stava cambiando ormai troppo perché ciò in cui egli credeva potesse salvarsi; ciononostante si astenne dal tramutarsi in profeta di sciagure o dal lasciarsi andare ad una sistematica critica di ogni cambiamento: per lo più tacque o si limitò ad esporre perplessità e dubbi.

Del resto, quello di Yanagita non fu un atteggiamento conservatore fine a se stesso: egli amò ogni aspetto della vita tradizionale, ma non idealizzò — in definitiva — nessun periodo, e nel suo ambiente fu sostanzialmente un progressista, almeno fino alla Seconda

---

[1] Alcune linee di approfondimento a partire dalla figura di Yanagita sono esplicitamente da me proposte in un articolo (« Il significato e l'importanza di Yanagita Kunio, intellettuale del Giappone moderno ») che potrebbe prossimamente comparire su una rivista. Inoltre un'indagine più dettagliata sul pensiero di Yanagita a proposito della letteratura orale ho svolto nell'apparato annesso alla traduzione, quasi ultimata, della sua opera *Lineamenti di letteratura orale* (B/273).

Guerra mondiale: sosteneva infatti una trasformazione della società *in avanti,* ben sapendo che non era nemmeno da auspicare un ritorno a modelli antichi; quello che gli stava sommamente a cuore, però, era la continutà con il passato della nazione giapponese, perché per lui vitale esigenza era di vivere immerso nell'esperienza ereditaria del suo popolo. Da un punto di vista occidentale, potremmo dire che egli sentiva il fascino e la forza del *factum,* la concretezza della particolarità e dell'individualità come estremamente più valida di ogni altro astratto progetto di vita e di società; ma più probabilmente dovremmo rifarci al tema — da noi piuttosto letterario che filosofico — delle « radici »: Yanagita sentiva di essere impastato — lui e tutto il suo popolo — in ogni sua fibra e fino al midollo del proprio pensare e del proprio sentire, con l'esperienza che un'immemorabile serie di generazioni aveva accumulato; esplorare e rivivere tali esperienze era per lui dunque un conoscere la propria identità, un orientarsi nella vita, uno scoprire il proprio destino, e nello stesso tempo un atteggiarsi rispettosamente verso gli antenati, un entrare con loro in grata e amorosa intimità, ove il legame biologico si dilatava fino ad instaurare una comunione totale, potremmo dire mistica.

Esposta in questi termini, la posizione di Yanagita, e di quei filoni della cultura giapponese sensibili a suggestioni analoghe, diviene a mio parere più accettabile agli Occidentali, spesso insofferenti di fronte all'aprioristica affermazione che lo « spirito giapponese » va conservato e salvaguardato a motivo del suo valore unico: se infatti noi relativizziamo e storicizziamo tale atteggiamento, allora l'attaccamento dei Giapponesi alle proprie origini perde i contorni dell'*unicum,* e diviene un *analogon* più universalmente umano (con le peculiarità irripetibili — ovviamente — di ogni fenomeno storico), da noi comprensibile anche in termini di esperienze e di concetti nostri (ed in quali altri termini altrimenti potremmo comprenderlo?), i quali anzi ne risulteranno ulteriormente dilatati ed arricchiti.

Yanagita, per parte sua, non vide certamente le cose in questo modo: anche se non si mostrò mai xenofobo o acceso nazionalista, non si può sicuramente dire che sia stato un genio trans-culturale; egli di fatto si occupò solo della sua gente, della quale non sbandierò mai la superiorità, ma — senza dare giudizi su altre culture — mostrò di essere convinto che i principi etici e spirituali sui quali il Giappone si regge sono unici e non paragonabili con quelli di nessun altro popolo. Su questo comunque non si può essere troppo severi, perché Yanagita credeva con sincerità nella propria tradizione come ad un valore assoluto, e non possiamo aspettarci che fosse disposto a dare analogo riconoscimento ad altri popoli ed altre culture, come invece — almeno in teoria — è possibile in Occidente dopo che si sono affermati a volta a volta i valori della tolleranza, dell'universalismo illuministico o del particolarismo storicistico: tutti valori, ciascuno a suo modo, trans-culturali, ma che fanno parte di un patrimonio piuttosto lontano da quello di Yanagita.

Di fatto — ad ogni modo — Yanagita deve all'Occidente, ed in primo luogo alle scienze antropologiche (al cui modello ispirò la propria attività di ricerca), molto più di quanto non volesse riconoscere: solo che, fenomeno nelle grandi linee assai frequente, egli usò di quel sapere a difesa della cultura tradizionale. Vi è da dire però che — indipendentemente dalle intenzioni di Yanagita — la sua gigantesca opera di indagine sulla cultura giapponese tradizionale può sfociare in risultati del tutto inattesi di avvicinamento fra Giappone ed Occidente, e di demolizione del pregiudizio dell'« unicità » o della « caratteristica peculiare e individuante (dal valore assoluto) » della cultura giapponese; e ciò starebbe a dimostrare, a mio parere, quanto rigoroso e serio sia stato il lavoro di Yanagita, ispirato ma non distorto dalle sue convinzioni più profonde. Infatti, a ben pensare, se vogliamo farci un'idea del mondo giapponese — quello originario e tradizionale — attraverso i libri di Yanagita, che immagine ne ricaveremo? Cercheremo invano esotismi fumosi, sapienze orientaleggianti, squisitezze da *ikebana,* gentilezze da cerimonia del thé, raffinatezze di *geisha,* etichette impeccabili, circonvenzioni e circospezioni di linguaggio e così via; e nemmeno troveremo gli altri luoghi comuni del *samurai* devotissimo fino all'abnegazione, del *kamikaze* eroico, dell'austero praticante di arti marziali, ovvero — per stare a stereotipi più recenti — dell'operaio-ingranaggio in una macchina di produzione che gira a ritmo vorticoso, dell'uomo-formica ubriacato di consumismo e di conformismo ... Niente di tutto questo.

Che si tratti di contadini, di montanari o di pescatori, sono sempre persone laboriose e sane, dai gusti semplici, ricche di buon senso; che cantano sul lavoro e si danno alla gioia delle bevute e delle danze; che amano celebrare ricorrenze tradizionali con usanze antiche, che parlano un linguaggio franco, immediato, fiorito, immaginativo, ricco; persone dotate di una fantasia esuberante, che si manifesta nella poesia, nell'inclinazione al riso, alla mordacità e alla burla; che si aiutano fra loro scambiandosi prestazioni di lavoro e trascorrono una tranquilla vita di villaggio ove vige — soprattutto fra i giovani — uno spirito di competizione sano e stimolante. E ancora: famiglie dove regna l'amore fra i coniugi ed il rispetto verso gli anziani; uomini che hanno l'aspirazione a impiantare una casa e assicurare una discendenza al proprio nome; ragazze che cantano canzoni d'amore; bambini che giocano per le strade ed i cortili dei templi; nonni che cullano i neonati con filastrocche; menestrelli che portano in giro epopee, racconti, notizie; tagliaboschi, cacciatori, girovaghi, ambulanti, e persino — ma senza ombra di orrori o truculenze — guaritori, asceti e veggenti. Fiabe con orchi, streghe, e persone che si perdono nel bosco; leggende con statue che piangono ed alberi che fioriscono d'inverno; una religione semplice e non tenebrosa, che contempla feste gioiose di incontro con la divinità tutelare, senza sacerdozi ufficiali ed elucubrazioni teologiche, in un cosmo naturale e sociale armonioso ed integrato; un atteggiamento sereno e pacificato di fronte alla morte, che non è un traumatico allontanamento del mondo dei vivi, ma un ricongiungersi con gli antenati, che da sempre vegliano, sostenuti dall'affetto e dalla venerazione dei discendenti, sulla loro terra e sui loro congiunti.

Certo non occorre molto per renderci conto che siamo di fronte, in molti tratti, ad una idealizzazione, ma non è forse vero, anche lasciando da parte le prospettive di ricerca in campo di folklore e antropologia comparati che si aprono da questa constatazione, che una idealizzazione del genere potrebbe essere stata stesa da un qualsiasi scrittore occidentale a proposito di qualsiasi popolazione contadina della nostra vecchia Europa?

BIBLIOGRAFIA

1. Scritti in lingue occidentali

1. BEARDSLEY R. K. - CORNELL J. B. - NORBECK E.: *Bibliographic Materials in the Japanese Language on Far Eastern Archeology and Ethnology*, (Bibliographical Series n. 3), pp. 74. Ann Arbor (Michigan), 1950.
2. BEARDSLEY R. K. - NAKANO Takashi: *Japanese Sociology and Social Anthropology: a Guide to Japanese Reference and Research Materials*. Ann Arbor (Michigan), 1970.
3. BERNARDI Bernardo: *Uomo Cultura Società, Introduzione agli Studi etnoantropologici*. Franco Angeli, Milano, 1974 (Terza edizione: 1976).
4. BIANCHI Ugo: *Storia dell'Etnologia*. Abete, Roma, 1965.
5.a *Bibliography of Standard Reference Books for Japanese Studies. Vol. IV: Religion*. Ed. KOKUSAI BUNKA SHINKÔKAI (Japanese Cultural Society). Tôkyô, 1963.
5.b Revised edition. Tôkyô, 1966.
6.a *Bibliography of Standard Reference Books for Japanese Studies. Vol. VIII: Manners and Customs, and Folklore*. Ed. KOKUSAI BUNKA SHINKÔKAI (Japanese Cultural Society). Tôkyô, 1961.
6.b *Vol. VIII: Manners and Customs with Folklore*, Revised edition. Tôkyô, 1966.
7. CIRESE Alberto-Maria: *Cultura egemonica e culture subalterne*. Palumbo, Palermo, 1972 (seconda edizione).
8. DORSON Richard M.: Bridges between Japanese and American Folklorists, in B/50, pp. 3-49.
9. DORSON R. M.: *Folk Legends of Japan*. Tuttle, Tôkyô, 1961.
10. DORSON R. M.: *Folklore and Fakelore*, pp. 361. Harvard University Press, Cambridge (Mass.)/London, 1976.
11. DORSON R. M. (ed.): *Folklore and Folklife: An Introduction*. University of Chicago Press, Chicago, 1972.
12.a DORSON R. M.: Folklore Research in Japan, « *Journal of American Folklore* », n. 294 (Oct.-Dec. 1961), pp. 401-412.
12.b In *Folklore Research around the World: a North American Point of View*, (Indiana University Folklore Series, n. 16). The Folklore Institute of Indiana University, Bloomington, 1961.
13. DORSON R. M.: Foreword, pp. V-XIV, in SEKI Keigo, *Folktales of Japan*. The University of Chicago, Chicago, 1963.
14. DORSON R. M.: Foreword, in B/70, pp. IX-XIII.
15. DORSON R. M.: News and Notes on Asian Folklore, « *Asian Folklore Studies* », vol. 22 (1963), pp. 367-381.
16. EDER Matthias: Books Review, « *Asian Folklore Studies* », vol. 24 (1965), n. 2, pp. 117-122.

17. EDER M.: Japanese Folklore Science Today, « *Folklore Studies* », vol. 18 (1959), pp. 289-318.
18. ELISSÉEV S.: Une collection de folklore japonais, « *Japon et Extrême-Orient* », vol. 1, n. 10 (Oct. 1924), pp. 279-292.
19. FRAZER James: *Folklore in the Old Testament*. 1918.
20. GOMME George L.: *Folk-lore as an historical science*. 1908.
21. HALL John W.: *Japanese History: a guide to Japanese reference and research materials*, pp. XI+165. University of Michigan Press, Ann Arbor, 1954.
22. HAYES E. N. - HAYES T. (eds.): *Claude Lévi-Strauss: The anthropologist as Hero*. Massachussets Institute of Technology, 1970.
23. HOLZMAN D. - MOTOYAMA Yukihiko and Others (eds.): *Japanese Religion and Philosophy: a Guide to Japanese Reference and Research Materials*. Greenwood Press Publishers, Westport (Connecticut), 1975. (Reprint: University of Michigan Press, 1959, Ann Arbor; n. 7 of Bibliographical Series of the Center for Japanese Studies, University of Michigan).
24. HORI Ichirô - OOMS Herman: Yanagita Kunio and 'About Our Ancestors', in B/59, pp. 1-18.
25.a *(An) Introductory Bibliography for Japanese Studies*. The Japan Foundation, Tôkyô. Vol. I/1, 1974.
25.b Vol. I/2, 1975.
25.c Vol. II/1, 1976.
25.d Vol. II/2, 1977.
25.e Vol. III/1, 1978.
26. ISHIDA Eiichirô: Unfinished but Enduring. Yanagita Kunio's Folklore Studies, « *Japan Quarterly* », vol. 10, n. 1 (Jan.-March 1963), pp. 35-42.
27. *Japanese Folklore Dictionary*, compiled by the Folklore Institute of Japan under the supervision of Kunio YANAGITA, transl. Takatsuda Masanori, (Kentucky Microform, Series A, Modern Language Series, n. 18), pp. XXVII+714. University of Kentucky Press, Lexington, 1958.
28. Kekkon-no Hanashi (Marriage Customs in Japan). By Kunio Yanagita, Published by the Iwanami Shoten, pp. 304; 230 Yen (recensione), « *Contemporary Japan* », vol. 8, nn. 4-6 (Apr.-June 1949), pp. 243-248.
29. KNECHT Peter: International Symposium on Japanese Folk Culture, « *Asian Folklore Studies* », vol. 34 (1975), n. 2, pp. 39-43.
30. MAKITA Shigeru: World Authority on folklore: Yanagita Kunio, « *Japan Quarterly* », vol. 20, n. 3 (July-Sept. 1973), pp. 283-293.
31. MATSUMOTO Nobuhiro: L'état actuel des études de folklore au Japon, « *Japon et Extrême-Orient* », vol. I, n. 10 (Oct. 1924), pp. 228-239.
32. MIWA Kimitada: Toward a Rediscovery of Localism. Can the Yanagita School of Folklore Studies Overcome Japan's Modern Ills?, « *Japan Quarterly* », vol. 23, n. 1 (Jan.-March 1976), pp. 44-52.
33. MIYATA Sinpachirô: The Father of Japanese Folklore, « *Japan Quarterly* », vol. 9, n. 4 (Oct.-Dec. 1962), pp. 484-487.
34. MORI Kôichi: Yanagita Kunio: An Interpretative Study, « *Japanese Journal of Religious Studies* », vol. 7, nn. 2-3 (June-Sept. 1980), pp. 83-115.
35. MORSE Ronald A.: Personalities and Issues in Yanagita Kunio Studies, « *Japan Quarterly* », vol. 22, n. 3 (July-Sept. 1975), pp. 239-254.
36. MORSE R. A.: Preface, in B/70, pp. XV-XVII.

37. MORSE R. A.: *The search for Japan's National Character and Distinctiveness: Yanagita Kunio (1875-1962) and the Folklore Movement,* Ph.D. Dissertation (History, modern), pp. IX-257 (dattiloscritta). Princeton University, 1975.
38. MORSE R. A.: Translator's Introduction, in B/70, pp. XXI-XXXI.
39.a NAOE Hiroji: Post War Folklore Research Work in Japan, « *Folklore Studies* », vol. 8 (1949), pp. 277-284.
39.b « *Midwest Folklore* », vol. 3 (1953), pp. 213-222.
40. ÔBAYASHI Taryô: Zur Geschichte der japanischen Volkskunde, « *Anthropos* », vol. 63/64 (1968/1969), pp. 738-744.
41. SCHIEFFELER John W.: List of Asian Folklore Scholars, « *Asian Folklore Studies* », vol. 34 (1975), n. 1, pp. 113-116.
42. SCHMIDT Wilhelm: *The Cultural Historical Method of Ethnology.* 1939.
43. SCHMIDT W.: *Neue Wege zur Erforschung der ethnologischen Stellung Japans.* Kokusai Bunka Shinkôkai, Tôkyô, 1935.
44. SIEFFERT R.: Les études ethnographiques au Japon, « *Bulletin de la Maison Franco-Japonaise* », Nouv. Ser., tom. II (1952), pp. 9-110.
45. SOFUE Takao: Anthropology in Japan: Historical Review and Modern Trends, « *Biennal Review of Anthropology, 1961* », ed. B. J. SIEGEL. Standford University Press, 1962.
46. SOFUE Takao: Cultural Anthropology, in B/25.a, pp. 87-99.
47. SOFUE Takao: Cultural Anthropology, in B/25.c, pp. 141-152.
48. SOFUE Takao: Japanese Studies by American Anthropologists: Review and Evaluation, « *American Anthropologist* », n. 62 (April 1960), pp. 306-317.
49. *Studies in fishing village life,* Compiler YANAGITA Kunio, translated by Takatsuka Masanori, edited by G. K. BRADY, (Kentucky Microcards, Series A, Modern Language Series 1), pp. XI+267. University of Kentucky Press, Lexington, 1954.
50. *Studies in Japanese Folklore,* eds. R. M. DORSON - MABUCHI Toichi - ÔTÔ Tokihiko. Indiana University Press, Bloomington, 1963.
51. *Studies in mountain village life,* Compiler YANAGITA Kunio, translated by Takatsuka Masanori, edited by G. K. BRADY, (Kentucky Microcards, Series A, Modern Language Series 2), pp. 3+480. University of Kentucky Press, Lexington, 1954.
52. TAKAYANAGI Shun'ichi: In Search of Yanagita Kunio, « *Monumenta Nipponica* », vol. 31 (1976), n. 2, pp. 165-178.
53. TAKAYANAGI Shun'ichi: Yanagita Kunio (Survey Review), « *Monumenta Nipponica* », vol. 29 (1974), n. 3, pp. 329-335.
54. TAMARU Noriyoshi: Religion, in B/25.b, pp. 89-102.
55. TAMARU Noriyoshi: Religion, in B/25.d, pp. 113-135.
56. TSURUMI Kazuko: *Social Change and the Individual; Japan before and after Defeat in World War II.* Princeton University Press, Princeton, 1970.
57. TSURUMI Kazuko: Yanagita Kunio's Work as a Model of Endigenous Development, « *Japan Quarterly* », vol. 22, n. 3 (July-Sept. 1975), pp. 223-238.
58. WAKAMORI Tarô: Japanese history: folklore, in *Japan at the XIIth International Congress of Historical Sciences in Vienna,* vol. 2°. Tôkyô, 1965.
59. YANAGITA Kunio: *About Our Ancestors: The Japanese Family System,* translated by Fanny Hagin Mayer and Ishiwara Yasuyo, compiled by JAPANESE NATIONAL COMMISSION FOR UNESCO, pp. 13+195. Japan Society for the Promotion of Science, Tôkyô, 1970.

60. YANAGIDA Kunio: *Vom Fest zur Feier, Japans Feste im Wande der Zeiten*, Deutsch-japanische Ausgabe übersetz und commentiert von Nakamura Toshiharu, Negishi Kikuo und Günther Zobel, pp. 47. Waseda University Press, 1975.
61. YANAGITA Kunio: Gleanings from Japanese Folklore, « *Contemporary Japan* », vol. 7, n. 3 (Dec. 1938), pp. 437-448.
62. YANAGITA Kunio: Historietté of Japanese Festivals, « *Contemporary Japan* », vol. 12, n. 2 (Febr. 1943), pp. 231-240.
63. YANAGITA Kunio: The Islands of Cats, « *Contemporary Japan* », vol. 9, n. 8 (Aug. 1940), pp. 1032-1038.
64. YANAGITA Kunio: The Japanese Atlantis, « *Contemporary Japan* », vol. 3, n. 1 (June 1934), pp. 34-39.
65.a YANAGITA Kunio: Japanese Folk Tales, transl. Fanny Hagin Mayer, « *Folklore Studies* », vol. 11 (1952), n. 1, pp. 1 ss.
65.b *Japanese Folk Tales*, Revised Version, transl. Fanny Hagin Mayer, pp. 299. Tokyo News Service, Tôkyô, 1954.
66. YANAGITA Kunio: *Japanese Folk Tales, A Revised Selection*, transl. Fanny Hagin Mayer, pp. 191. Tokyo News Service, Tôkyô, 1966.
67. YANAGITA Kunio: *Japanese Manners and Customs in the Meiji Era*, Charles S. Terry translated and adapted, (Centenary Culture Council Series, vol. IV), pp. 335. Obunsha, Tôkyô, 1957.
68. YANAGIDA Kunio: Die Japanische Volkskunde, ihre Vorgeschichte, Entwicklung und gegenwärtige Lage, deutsche Übertragung von Matthias Eder, « *Folklore Studies* », vol. 3 (1944), n. 2, pp. 1-76.
69. YANAGITA Kunio: Japan's Social Solidarity, « *Contemporary Japan* », vol. 3, n. 3 (Dec. 1934), pp. 388-397.
70. YANAGITA Kunio: *The legends of Tôno*, translated, with an introduction, by R. A. Morse. The Japan Foundation, Tôkyô, 1975.
71. YANAGITA Kunio: New Year Dreams, « *Travel in Japan* », vol. 2 (1936/1937), n. 4, pp. 16-19.
72.a YANAGITA Kunio: The New Year Ritual and the Feast of Lanterns, « *Liberty* », vol. 2 (1926), p. 114.
72.b « *Present Day Japan* », 1930, p. 95.
73. YANAGITA Kunio: *Old Tales of Japan*, (Nippon Pocket Library, 4). Nihon Shashin Kôgeisha Tôkyô Shisha, 1934.
74. YANAGITA Kunio: Opportunities for folklore research in Japan, in B/50, pp. 50-53.
75. YANAGITA Kunio: The Reading Public of Japan, « *Present Day Japan* », 1926, p. 51.
76. YANAGITA Kunio: Rice: A Mirror of Japanese History, « *This is Japan* », 1958, p. 186.
77. YANAGITA Kunio: Ritual Birth of Rice, « *Japan Science Review: Literature, Philosophy, History* », vol. 7 (1956), pp. 71-72.
78. YONEYAMA Toshinao: Cultural Anthropology, in B/25.e, pp. 127-150.
79. YONEYAMA Toshinao: A tradition of use of Oral Tradition in Japan and its application to African Studies, *Proceedings. VIIIth International Congress of Anthropological and Ethnological Sciences. 1968*, vol. 3, pp. 366-367. Science Council of Japan, Tôkyô, 1969.

2. Scritti in giapponese: libri

80. AKAMATSU Sôdan: *Tonegawa zushi* (Descrizione dei luoghi bagnati dal fiume Tone). Iwanami Shoten, 11-1938.
81. ARUGA Kizaemon: *Hitotsuno Nihon Bunkaron - Yanagita Kunio ni kanren shite* (Una teoria della cultura giapponese; con particolare riferimento a Yanagita Kunio), pp. 206. Miraisha, 1976.
82. GÔTÔ Sôichirô (ed.): *Hito to shisô - Yanagita Kunio* (L'uomo e il pensiero; Yanagita Kunio), pp. 389. San'ichi Shobô, 12-1972.
83. GÔTÔ Sôichirô: *Jômin no shisô* (Il pensiero dell'uomo comune). Fubaisha, 8-1974.
84. GÔTÔ Sôichirô (ed.): *Yanagita Kunio no Gakumon Keisei* (La formazione della scienza di Yanagita Kunio), pp. 227. Hakugeisha, 6-1975.
85. GÔTÔ Sôichirô: *Yanagita Kunio ron josetsu* (Introduzione allo studio di Yanagita Kunio). Dentô to Gendaisha, 12-1972.
86. HASHIKAWA Bunzô: *Kindai Nihon seiji shisô no shosô* (Aspetti del pensiero politico del Giappone moderno). Miraisha, 1968.
87. ITÔ Mikiharu: *Yanagita Kunio - Gakumon to shiten* (Yanagita Kunio - Scienza e punti di vista), pp. 193. Shio Shuppansha, 7-1975.
88. ITÔ Mikiharu - YONEYAMA Toshinao: *Yanagita Kunio no sekai* (Il mondo di Yanagita Kunio), pp. 402. Nihon Hôsô Shuppan Kyôkai, 1976.
89. KAMISHIMA Jirô (ed.): *Yanagita Kunio kenkyû* (Studi su Yanagita Kunio), pp. 523. Chikuma Shobô, 3-1973.
90. KAMISHIMA Jirô - ITÔ Mikiharu (eds.): *Shinpojiumu Yanagita Kunio* (Simposio su Yanagita Kunio), pp. 323+41. Nihon Hôsô Shuppan Kyôkai, 7-1973.
91. *Kinsei Kidan Zenshû* (Collezione di racconti strani del periodo premoderno), (Zoku Teikoku Bunko, 47), Yanagita Kunio-Tayama Katai (eds.). Hakubunkan, 3-1903.
92. MAKITA Shigeru: *Yanagita Kunio*, pp. 222. Chûôkôronsha, 11-1972.
93. *Meiji Shijinshû, ichi* (Antologia di poeti dell'era Meiji, vol. I), (Meiji Bungaku Zenshû, 60). Chikuma Shobô, 1971.
94. MORSE, Ronald A.: *Kindaika e no chôsen - Yanagita Kunio no isan* (Una sfida alla modernizzazione - L'eredità di Yanagita Kunio), pp. 274. Nihon Hôsô Shuppan Kyôkai, 1977.
95.a NAKAMURA Akira: *Yanagita Kunio no shisô* (Il pensiero di Yanagita Kunio). Hôsei Daigaku Shuppan Kyoku, 9-1967.
95.b (Shinpan) (Nuova edizione). 9-1974.
96. *Nihon gendai shi taikei* (Lineamenti di poesia giapponese contemporanea), 2 voll. Kawade Shobô Shinsha, 1974.
97. ÔTÔ Tokihiko: *Yanagita Kunio nyûmon* (Introduzione a Yanagita Kunio), pp. 254. Chikuma Shobô, 4-1973.
98. SUGAE Masumi: *Hina no ichifushi* (Una melodia di campagna). Kyôdo Kenkyûsha, 9-1930.
99. SUGAE Masumi: *Ina no chûdô* (Cammino attraverso la regione di Ina, *Nagano-ken*). Sôgensha, 11-1929.
100. SUGAE Masumi: *Io no shunshû* (Annali dell'eremo). Sôgensha, 9-1930.
101. SUGAE Masumi: *Kumeji no hashi* (il ponte della strada di Kume, località di Nagano-*ken*). Sôgensha, 8-1929.

102. SUGAE Masumi: *Oku no teburi* (Divagazioni nello Ôshû, antico nome delle regioni nord-orientali). Sôgensha, 2-1930.
103. SUGAE Masumi: *Wagakokoro* (Il nostro cuore). Sôgensha, 11-1929.
104. TANIGAWA Ken'ichi: *Genfûdo no sôbô* (Il volto dei costumi originari). Yamato Shobô, 10-1974.
105. TSURUMI Kazuko - ICHII Saburô (eds.): *Shisô no bôken - Shakai to henka no paradaimû* (Avventure del pensiero - Società e paradigmi di cambiamento). Chikuma Shobô, 8-1974.
106. USUI Yoshimi (ed.): *Yanagita Kunio kaisô* (Ricordi di Yanagita Kunio), pp. 352. Chikuma Shobô, 9-1972.
107. WAKAMORI Tarô: *Yanagita Kunio to rekishigaku* (Yanagita Kunio e la scienza della storia), pp. 208. Nihon Hôsô Shuppan Kyôkai, 10-1975.
108. *Yanagita Kunio* (Nihon no Meisho 50), pp. 473. Chûôkôronsha, 5-1974.
109. *Yanagita Kunio* (Bungei Dokuhon), pp. 295. Kawade Shobô Shinsha, 5-1976.
110. *Yanagita Kunio* (Nihon Bungaku Kenkyû Shiryô Sôsho), pp. 317. Yûseidô, 5-1976.
111. *Yashi no mi kara ' Kaijô no Michi ' e* (Dalla noce di cocco a « La via sul mare »), pp. 22. Sanseidô Shoten, 1975.
112. YOSHIMOTO Takaaki: *Kyôdô gensôron* (Saggio sulle fantasie in comune). Kawade Shobô, 12-1968.

3. Scritti in giapponese: riviste (titoli e numeri unici)

113. « *Bungakukai* » (Mondo letterario), 1893-1898.
114. « *Dozoku to densetsu* » (Costumi locali e leggende), 1918.
115. « *Jinruigaku zasshi* » (Rivista di antropologia), 1886-
116. « *Kinki minzoku* » (Folklore della regione di Kyôto-Osaka), dicembre 1972 (numero speciale su Yanagita). Kinki Minzokugakkai.
117. « *Kôyûkai zasshi* » (Rivista della Associazione Amici della Scuola). Daiichi Kôtô Gakkô, 1890-
118. « *Kyôdo kenkyû* » (Studi locali), Kyôdo Kenkyûkai, 1913-1916.
119.a « *Minkan denshô* » (Tradizioni popolari). Minkan Denshô no Kai, 1935-1952.
119.b Kokusho Kankôkai, 1972-1975.
120. « *Minzoku* » (Stirpe). Minzoku Hakkôjo, 1925-1929.
121. « *Shigarami sôshi* » (Quaderni della chiusa), 1889-1894.
122. « *Shima* » (Isole), 1933-1934.
123. (Sôtokushû) Shisôshi no Yanagita Kunio (Numero speciale. Yanagita Kunio per la storia del pensiero), « *Dentô to gendai* » (Tradizione e presente), n. 34 (luglio 1975).
124. « *Tabi* » (Viaggi), 1927.
125.a « *Tabi to densetsu* » (Viaggi e leggende), 1928-1944.
125.b Kokusho Kankôkai, 1976-1977.
126. Yanagita Kunio (Tokushûgo) (Yanagita Kunio - Numero speciale), « *Bungaku* » (Letteratura), gennaio 1961. Iwanami Shoten.
127. Yanagita Kunio, « *Gendai no esupuri* » (Spirito del presente), n. 57 (aprile 1972), Itô Mikiharu (ed.). Shibundô.
128. Yanagita Kunio (Tokushû) (Yanagita Kunio - Numero speciale), « *Ina* » (Nome di una città in Nagano-*ken*), gennaio 1976. Inashi Gakkai.

129.a « (*Kikan*) *Yanagita Kunio kenkyû* » (Trimestrale - Studi su Yanagita Kunio), Comitato di redazione: Tanigawa Ken'ichi - Itô Mikiharu - Gôtô Sôichirô - Miyata Noboru. Hakugeisha.
129.b N. 1 (febbraio 1973) Toi toshite no Yanagitagaku (La scienza di Yanagita come problema).
129.c N. 2 (maggio 1973) Kita e shikaku (Prospettiva verso nord).
129.d N. 3 (agosto 1973) Yanagita Kunio to Yanagi Muneyoshi (Yanagita Kunio e Yanagi Muneyoshi).
129.e N. 4 (novembre 1973) Yanagita Kunio to nôsei shisô (Yanagita Kunio e le idee di politica agraria).
129.f N. 5 (1974) Yanagita Kunio to Minakata Kumagusu (Yanagita Kunio e Minakata Kumagusu).
129.g N. 6 (1974) Minzokugaku no hôhô o tou (Interrogare il metodo della scienza del folklore).
129.h N. 7 (1974) Yanagita Kunio to Okinawa (Yanagita Kunio e Okinawa).
129.j N. 8 (aprile 1975) Yanagita Kunio no hyakunen o tou (Interrogare i cento anni di Yanagita Kunio).
130. Yanagita Kunio no minzoku shisô to sono isô (Il pensiero di Yanagita sul folklore e le sue fasi), « *Pierota* » (Pierrot), ottobre 1972. Bogansha.
131. Yanagita Kunio no sekai (Il mondo di Yanagita Kunio), « *Minzoku no tabi* » (Viaggi del folklore), dicembre 1975. Yomiuri Shinbunsha.
132. (Shôtokushû) Yanagita Kunio no shi (Fascicolo speciale - La morte di Yanagita Kunio), « *Ronsô* » (Dibattito), ottobre 1962. Ronsôsha.
133. Yanagita Kunio seitan hyahunen kinen (Centenario della nascita di Yanagita Kunio), « *Gakutô* » (Staffe del sapere), n. 72 (luglio 1975). Maruzen.
134. (Tokushû) Yanagita Kunio sensei to kokugo kyôiku (Numero speciale - Il professor Yanagita Kunio e l'educazione linguistica), « *Kyôshitsu no mado* » (La finestra dell'aula scolastica), ottobre 1962. Tôkyô Shoseki.
135. (Tokushû) Yanagita Kunio sono hôhô to shudai (Numero speciale - Yanagita Kunio: il suo metodo ed i suoi temi), « *Gendai shisô* » (Pensiero contemporaneo), aprile 1950. Seidosha.
136. (Tokushû) Yanagita Kunio to Origuchi Shinobu (Yanagita Kunio e Origuchi Shinobu), « *Kokubungaku* » (Letteratura nazionale), gennaio 1973. Gakuchôsha.

4. Scritti in giapponese: articoli e saggi

137. ARUGA Kizaemon: 'Mukoirikô' to Yanagita Kunio ('Considerazioni sulla adozione' e Yanagita Kunio), in B/129.j.
138. ARUGA Kizaemon: Yanagita Kunio no kenkyû hôhô ni tsuite (A proposito del metodo di ricerca di Yanagita Kunio), in B/135.
139. GÔTÔ Sôichirô: Hasegawa Nyozekan to Yanagita Kunio (Hasegawa Nyozekan e Yanagita Kunio), in B/123.
140. GÔTÔ Sôichirô: Minzoku no hôko - Sado no genfûdo (Tesori del folklore - Costumi originari dell'isola di Sado), in B/131.
141. GÔTÔ Sôichirô: Shisôshi ni okeru minzokugaku (La scienza del folklore nella storia del pensiero), in B/129.g.
142. GÔTÔ Sôichirô: Yanagita-gaku to tenkô (Scienza di Yanagita e conversione), in B/130.

143. Gôtô Sôichirô: Yanagita Kunio no keizai shisô (Il pensiero economico di Yanagita Kunio), in B/128.
144. Gôtô Sôichirô: Yanagita Kunio no shônen taiken (Le esperienze giovanili di Yanagita Kunio), in B/89.
145. Gôtô Sôichirô: Yanagita Kunio nyûmon - Korekara Yanagita Kunio o yomu hito no tameni (Introduzione a Yanagita Kunio - Per coloro che d'ora in poi leggeranno Yanagita Kunio), in B/131.
146. Gôtô Sôichirô - Tanigawa Ken'ichi: Yanagita Kunio to Origuchi Shinobu - Taidan (Yanagita Kunio e Origuchi Shinobu - Dibattito), in B/89.
147. Haga Noboru: Minkanshigaku to chihôshi (Scienza di storia popolare e storia locale), « *Chihôshi kenkyû* » (Studi di storia locale), 10-1966.
148. Haga Noboru: Sengo no sakuhin ni miru Yanagita Kunio no shisô (Il pensiero di Yanagita Kunio come appare nelle sue opere dopo la guerra), in B/90, pp. 251-272.
149. Haga Noboru: Yanagita-gaku ni okeru ikki uchikowashi (La repressione delle insurrezioni nella scienza di Yanagita), in B/129.j.
150. Haga Noboru: Yanagita Kunio ni okeru chihôgaku no kôsô (Il concetto di studi locali in Yanagita Kunio), in B/129.b.
151. Hashikawa Bunzô: Bungaku kara minzokugaku e michi (Il cammino dalla letteratura alla scienza del folklore), in B/90.
152. Hashikawa Bunzô: Hoshushugi to tenkô - Yanagita Kunio to Shiratori Yoshichiyo (Conservatorismo e conversione - Yanagita Kunio e Shiratori Yoshichiyo), in *Tenkô* (Conversione), vol. II. Heibonsha, 1962.
153. Hashikawa Bunzô: Rojin to Yanagita Kunio (Lu Xun e Yanagita Kunio), « *Rojin senshû geppô* » (Notiziario mensile dell'Antologia di scritti di Lu Xun), 6-1964. Iwanami Shoten.
154. Hashikawa Bunzô: Sôretsuna ' amachua ' no jikaku (La autoconsapevolezza di un eroico dilettante), in B/89.
155. Hashikawa Bunzô: Yanagita-gaku no honryô to kadai (Caratteri e temi della scienza di Yanagita), in B/127.
156. Hashikawa Bunzô: Yanagita Kunio no seishun taikei (L'esperienza giovanile di Yanagita Kunio), in B/89.
157. Hashikawa Bunzô: Yanagita Kunio shûi (Spigolature su Yanagita Kunio), « *Dôjidai* » (Età contemporanea), 9-1964.
158. Hashikawa Bunzô: Yanagita Kunio - Sono ningen to shisô (Yanagita Kunio: la persona ed il pensiero), *Sekai no chishikijin* (Intellettuali del mondo), (Nijûseki ugokashita hitobito, 1) (Gli uomini che hanno mosso il ventesimo secolo, vol. 1). Kôdansha, 8-1964.
159. Hashikawa Bunzô - Fujita Shôzô: Minzokugakushugi wa yûkô ka - Yanagita Kunio no heiwashugi (Il folklorismo è efficace? Il pacifismo di Yanagita Kunio), « *Shin Nihon bungaku* » (La letteratura del nuovo Giappone), 1961.
160. Hashikawa Bunzô - Irokawa Daikichi - Kawamura Jirô - Tanigawa Ken'ichi - Itô Mikiharu - Miyata Noboru - Gôtô Sôichirô: Zadankai Yanagita-gaku no keisei to shudai (Tavola rotonda: formazione e temi della scienza di Yanagita), in B/129.b.
161. Hori Ichirô: Yanagita Kunio to shûkyôshigaku (Yanagita Kunio e la scienza storica della religione), in B/136.
162. Ienaga Saburô: Yanagita shigaku ron (La teoria storica di Yanagita), in *Gen-*

dai shigaku hihan (Commenti di storiografia contemporanea). Wakôsha, 9-1953.

163. IROKAWA Daikichi: Watashino Yanagita Kunio (Il mio Yanagita Kunio), in B/129.j.
164. ISHIDA Eiichirô: Minzokugaku no semasa (La ristrettezza della scienza del folklore), « *Minkan denshô* » (Tradizioni popolari), 6-1948.
165. ITÔ Mikiharu: Yanagita Kunio to bunmei hihyô no ron (Yanagita Kunio e le teorie di critica della civiltà), in B/127.
166. KAMISHIMA Jirô: Jômin towa nanika (Cosa è l'uomo comune?), in *Jômin no seijigaku* (Scienza politica dell'uomo comune). Dentô to Gendaisha, 6-1972.
167. KAMISHIMA Jirô: Minzokugaku no hôhôronteki kiso (Basi metodologiche del folklore), « *Bungaku* », 7-1961. Iwanami Shoten.
168. KAMISHIMA Jirô: Yanagita-gaku hyôka no rekishi ni tsuite (La storia delle valutazioni negli studi su Yanagita), in B/89.
169. KAMISHIMA Jirô: Yanagita-gaku izen (Prima della scienza di Yanagita), in B/126.
170. KAMISHIMA Jirô: Yanagita Kunio - Nihon minzokugaku no sôshisha (Yanagita Kunio: l'iniziatore della scienza del folklore giapponese), in B/89.
171. KAMISHIMA Jirô: Yanagita Kunio - Kindai Nihon no kyojin (Yanagita Kunio, gigante del Giappone moderno), « *Bungei shunshû* » (Annali letterari), 8-1964.
172. KAMISHIMA Jirô: Yanagita Kunio - Nihon no shisôka kono hyakunen (Yanagita Kunio: questi cento anni del pensatore giapponese), « *Asahi jânaru* » (Rivista del gruppo editoriale Asahi), vol. 5, n. 24 (giugno 1963).
173. KAMISHIMA Jirô: Yanagita - Origuchi ni okeru nihonteki yûtopia shisô (Il pensiero utopico giapponese in Yanagita e Origuchi), in B/136.
174. KAMISHIMA Jirô - GORAI Shigeru - TANIGAWA Ken'ichi - MIYATA Noboru - GÔTÔ Sôichirô: Tôron (Dibattito), in B/82.
175. KAMISHIMA Jirô - ITÔ Mikiharu: Yanagita Kunio no Gakumon (La disciplina di Yanagita Kunio), in B/108.
176. KIJIMA Yasuo: Mori no fukurô - Yanagita Kunio no tanka (Il gufo del bosco: la *tanka* di Yanagita Kunio), in B/110, pp. 13-34.
177. MAKITA Shigeru: Minzoku no imi (Il significato di folklore), « *Nihon minzokugaku* » (Folklore giapponese), 1-1957.
178. MAKITA Shigeru: Minzoku no jidaisei to gendaisei (Carattere d'epoca e carattere attuale del folklore), « *Minkan denshô* », 6-1951.
179. MAKITA Shigeru: Origuchi Shinobu-Yanagita Kunio - Kyôso no Jinbutsuzô (Origuchi Shinobu e Yanagita Kunio: ritratto di fondatori), « *Dentô to gendai* » (Tradizione e presente), 10-1969.
180. MIYATA Noboru: Chihôshi kenkyû to minzokugaku (Studi di storia locale e scienza del folklore), in B/89.
181. MIYATA Noboru: Hikaku minzokugaku no kijun (Criteri del folklore comparato), in B/129.g.
182. MIYATA Noboru: Kaisetsu (Spiegazione), in B/110.
183. MIYATA Noboru: Minakata Kumagusu to Yanagita Kunio (Minakata Kumagusu e Yanagita Kunio), in B/123.
184. MIYATA Noboru: Yanagita minzokugaku ni okeru bukkyô (Il Buddhismo nella scienza del folklore di Yanagita), in B/135.

185. MORSE Ronald A.: Tôno monogatari kô (Considerazioni sulle ' Leggende di Tôno '), « *Tenbo* » (Prospettive), 3-1976. Chikuma Shobô.
186. MORSE Ronald A.: Yanagita Kunio kenkyû no hôhôron (Dibattito metodologico negli studi di Yanagita Kunio), in B/129.b.
187. NAKAJIMA Kawatarô (ed.): Yanagita Kunio kenkyû bunken mokuroku (Bibliografia degli studi su Yanagita Kunio), in B/89, pp. 501-524.
188. NAKAMURA Akira: Sosen sûhai (La venerazione degli antenati), in B/109, pp. 182-192.
189. NAKAMURA Akira: Sûhai to Shinkokugaku (Venerazione degli antenati e *Shinkokugaku,* in B/89.
190. NAKAMURA Akira: Yanagita Kunio no kankyô (L'ambiente di Yanagita Kunio), in B/131.
191. NAKAMURA Akira - TSURUMI Kazuko - YAMAMOTO Kenkichi - TANIGAWA Ken'ichi - GÔTÔ Sôichirô: Zadankai Yanagita Kunio no hyakunen o tou (Tavola rotonda: interrogare i 100 anni di Yanagita Kunio), in B/129.j.
192. NAOE Hiroji - SAKURAI Tokutarô - TAKEDA Tadashi - SATÔ Shingyô - TANIGAWA Ken'ichi - SAI Yoshimizu: Zadankai Yanagita minzokugaku to Chôsen (Tavola rotonda: la scienza del folklore di Yanagita e la Corea), in B/129.c.
193. Nenpu (Cronologia della vita [di Yanagita Kunio]), in B/360.b, volume suppl. 5º, pp. 619-663.
194. OKADA Yôichi: Shuyô sankô bunken mokuroku-kaidai (Riferimenti bibliografici essenziali, con annotazioni), in B/109, pp. 284-295.
195. OKADA Yôichi: Yanagita Kunio nenpu (Cronologia della vita di Yanagita Kunio), in B/109, pp. 276-283.
196. Shoshi (bibliografia), in B/360.b, vol. suppl. 5º, pp. 539-618.
197. Shûroku chosaku sakuin (Indice delle opere raccolte), in B/360.b, vol. suppl. 5º, pp. 523-538.
198. SUZUKI Mitsuo: Hikaku minzokugaku to bunka jinruigaku (Folklore comparato e antropologia culturale), in B/90, pp. 185-201.
199. SUZUKI Mitsuo: Sôbun seiteki gyôji no bunkashiteki imi (Il significato storico-culturale di celebrazioni disposte a coppie), in B/89.
200. TANIGAWA Ken'ichi: Kaijô no michi kô (Considerazioni su ' La via sul mare '), in B/131.
201. TANIGAWA Ken'ichi: Kaijô no michi to tensai no shi (' La via sul mare ' e la morte del genio), in B/82.
202. TANIGAWA Ken'ichi: Origuchi no tasha toshite no Yanagita (Yanagita come *alter ego* di Origuchi), « *Nihon Yomiuri Shinbun* » (Il Gazzettino del Giappone), 1-1-1966.
203. TANIGAWA Ken'ichi: Yanagita Kunio no fuhensei (L'universalità di Yanagita Kunio), « *Tôkyô shinbun* » (Il giornale di Tôkyô), 26-3-1973.
204. TANIGAWA Ken'ichi: Yanagita Kunio no jobun (La profezia di Yanagita Kunio) in B/130.
205. TANIGAWA Ken'ichi: Yanagita Kunio no sekai (Il mondo di Yanagita Kunio), « *Nihon Yomiuri shinbun* » (Il Gazzettino del Giappone), 20-8-1962.
206. TSURUMI Kazuko: Kaisetsu (Spiegazione), in B/379.
207. TSURUMI Kazuko: Kokusai hikaku ni okeru kobetsusei to fuhensei — Yanagita Kunio to Harion Rîvî (Particolarità e universalità in un confronto inter-

nazionale: Yanagita Kunio e Marion Levy), «*Shisô no kagaku*» (Scienza del pensiero), n. suppl. 5 (11-1971).

208. TSURUMI Kazuko: Shakai hendô no paradaimu (Paradigmi del cambiamento sociale), in B/105.
209. TSURUMI Kazuko: Shakai hendôron to shite no 'Meiji Taishô shi sesôhen' ('Aspetti sociali della storia del periodo Meiji e Taishô' come teoria del cambiamento sociale), in B/89.
210. TSURUMI Kazuko: Warerano uchi naru genshijin (L'uomo primitivo che è dentro di noi), «*Shisô no kagaku*» (Scienza del pensiero), n. suppl. 1 (10-1969).
211. TSURUMI Kazuko: Yanagita Kunio kenkyû no kokusaika (La internazionalizzazione dello studio di Yanagita Kunio), in B/133.
212. WAKAMORI Tarô: Minzokugaku no hôhô ni tsuite (A proposito del metodo della scienza del folklore), «*Minkan denshô*» (Tradizioni popolari), 4-1949.
213. WAKAMORI Tarô: Yanagita Kunio minzokugaku no shinten kakuritsu (Lo sviluppo e il consolidamento della scienza del folklore di Yanagita Kunio), in *Nihon minzokugaku gaisetsu* (Profilo di scienza del folklore giapponese). 8-1947.
214. WAKAMORI Tarô: Yanagita Kunio ni okeru jômin no shisô (L'idea di uomo comune in Yanagita Kunio), in B/136.
215. YONEYAMA Toshinao: Yanagita Kunio no tabi (I viaggi di Yanagita Kunio), in B/90, pp. 65-78.

5. Scritti di Yanagita Kunio in giapponese

216. YANAGITA Kunio: *Akago tsuka no hanashi* (Racconto sulla tomba dell'infante), (Rohen sôsho 1). Genbunsha, 2-1920.
217. YANAGITA Kunio: *Aratanaru Tayô* (Il nuovo sole), (Gendai sensho 5). Shûdôsha, 1-1956.
218. YANAGITA Kunio: *Bunkaseisaku to iu koto* (La politica culturale). Hoppô Bunka Renmei, 5-1941.
219. YANAGITA Kunio: *Bunrui jidô goi, jôkan* (Glossario classificatorio del linguaggio dei bambini, vol. 1°). Tôkyôdô, 1-1949.
220. YANAGITA Kunio: *Bunrui minzoku goi* (Glossario classificatorio del folklore), 12 voll. Kokusho Kankôkai, 1975.
221.a YANAGITA Kunio: *Bunrui nôson goi* (Glossorio classificatorio dei villaggi contadini). Shinano Kyôikukai, 7-1937.
221.b *Bunrui nôson goi zôhoban (jôkan-gekan)* (Glossario classificatorio dei villaggi contadini - Edizione ampliata - Volumi 1-2). Tôyôdô, 5-1947/12-1948.
222. YANAGITA Kunio: *Bunrui saishi goi* (Glossario classificatorio dei rituali festivi). Kadogawa Shoten, 11-1963.
223. YANAGITA Kunio: *Bunrui shokumotsu shûzoku goi* (Glossario classificatorio delle usanze nel cibo). Kadogawa Shoten, 1974.
224.a YANAGITA Kunio: *Chiisaki mono no koe* (La voce dei piccoli), Tamagawa bunko 39). Tamagawa Gakuen Shuppanbu, 4-1933.
224.b (Josei sôsho). Mikuni Shobô, 11-1942.
224.c Jîpusha, 7-1950.
224.d (Kadogawa bunko 1956). Kadogawa Shoten, 10-1960.
225. YANAGITA Kunio: *Chikuma yoji* (Titolo poetico assai vago: forse «Bambù e

cavalli a tempo perso »). (Raccolta autografa di poesie) 9-1887. In B/360.b. vol. 26.

226. YANAGITA Kunio: *Chimei no hanashi sono ta* (Sui nomi di luogo, ed altri saggi). Oka Shoin, 1-1933.

227.a YANAGITA Kunio: *Chimei no kenkyû* (Studio sui nomi di luogo). Kokin Shoin, 1-1936.

227.b (Yanagita Kunio sensei chosakushû 2). Jitsugyô no Nihonsha, 10-1947.

228. YANAGITA Kunio: *Densetsu* (Leggende), (Iwanami shinsho 72). Iwanami Shoten, 9-1940.

229. YANAGITA Kunio: *Fukônaru geijutsu* (L'arte della sventura). Chikuma Shobô, 6-1953.

230. YANAGITA Kunio: *Fukônaru geijutsu. Warai no hongan* (L'arte della sventura - Il voto originario del riso), (Iwanami bunko 33-138-5). Iwanami Shoten, 10-1979.

231. YANAGITA Kunio: *Fukusei shûzoku goi* (Glossario delle usanze nel vestire). Minkan Denshô no Kai, 5-1938.

232. YANAGITA Kunio: Furukusai mirai (Futuro che puzza di antico), «*Tôhôjiron*» (Affari orientali), vol. 5, n. 6 (6-1920).

233. YANAGITA Kunio: *Gakunenbetsu Nihon no mukashibanashi* (Mukashibanashi suddivisi in ragione delle classi scolastiche). Jitsugyô no Nihonsha, 6-1955.

234. YANAGITA Kunio: *Getsuyô tsûshin* (Lettere del lunedì). Shûdôsha, 12-1954.

235.a YANAGITA Kunio: *Haha no temariuta* (Le canzoni del gioco della palla apprese da mia madre), (Gakuyû bunko 1). Shiba Shoten, 12-1949.

235.b (Shônen shôjo chishiki bunko 5). Popurasha, 10-1952.

236.a YANAGITA Kunio: *Haikai hyôshaku* (Commentario ad *haikai*). Min'yûsha, 8-1947.

236.b (Sôgen sensho 218). Sôgensha, 12-1951.

237. YANAGITA Kunio: *Haikai hyôshaku zokuhen* (Commentario ad *haikai*. Continuazione). In B/360.b, vol. 17.

238. YANAGITA Kunio: *Hie no mirai* (Il futuro del miglio), (Hie sôsho 2). Nôson Kôsei Kyôkai, 5-1939.

239. YANAGITA Kunio: *Hi no mukashi* (Il fuoco nel passato). Jitsugyô no Nihonsha, 8-1944.

240. YANAGITA Kunio: *Hitogamikô josetsu* (Introduzione allo studio degli uomini-divinità). (Testo di lezioni alla Università Kokugakuin), 3-1952. In B/360.b, vol. 10.

241. YANAGITA Kunio: *Hôgen oboegaki* (Annotazioni sui dialetti), (Sôgen sensho 90). Sôgensha, 5-1942.

242. YANAGITA Kunio: *Hôgen to mukashi, ta* (Dialetto e passato, ed altri saggi), (Asahi bunko 9). Asahi Shinbunsha, 1-1950.

243. YANAGITA Kunio: *Hokkoku kigyô* (Diario di viaggio nelle regioni settentrionali), (Yanagita Kunio sensei chosakushû 6). Jitsugyô no Nihonsha, 11-1948.

244. YANAGITA Kunio: *Hyôjungo to hôgen* (Lingua *standard* e dialetti). Meiji Shoin, 5-1949.

245. YANAGITA Kunio: *Ichimoku kozô sono ta* (Il piccolo monaco con un occhio solo, ed altre leggende). Koyama Shoin, 6-1934.

246. YANAGITA Kunio: *Ie kandan* (Conversazione sulla casa). Kamakura Shobô, 11-1946.

247.a YANAGITA Kunio: *Imo no chikara* (La forza della sorella minore), (Sôgen sensho 55). Sôgensha, 8-1940.
247.b (Sôgen bunko D58). Sôgensha, 8-1953.
247.c (Kadogawa bunko 1518). Kadogawa Shoten, 2-1957.
248.a YANAGITA Kunio (et ALII): *Ine no Nihonshi* (Storia del riso in Giappone), 3 voll. Nôrin kyôkai, 12-1955/3-1957/12-1958.
248.b 2 voll. Chikuma Shobô, 1963.
249.a YANAGITA Kunio: *Ishigami mondô* (Domande e risposte sulle divinità di pietra). Shûseidô, 5-1910.
249.b Ishigami mondô Kankôkai, 11-1933.
249.c (Nihon bunka meichosen 2). Sôgensha, 12-1941.
250. YANAGITA Kunio (ed.): *Izu Ôshima hôgen shû* (Raccolta del dialetto di Izu e Ôshima). Chûôkôronsha, 6-1942.
251.a YANAGITA Kunio: *Jidai to nôsei* (Il nostro tempo e la politica agraria). Shûseidô, 12-1910.
251.b (Yanagita Kunio sensei chosakushû 4). Jitsugyô no Nihonsha, 5-1948.
252. YANAGITA Kunio: *Jisenkashû* (Raccolta di poesie scelte da se stesso). In B/360.b, vol. 26.
253.a YANAGITA Kunio: *Josei to minkan denshô* (Donne e tradizioni popolari). Oka Shoin, 12-1932.
253.b (Yanagita Kunio sensei chosakushû 7). Jitsugyô no Nihonsha, 2-1949.
254. YANAGITA Kunio: *Junêbu omoide* (Ricordi di Ginevra). In B/360.b, vol. 3.
255.a YANAGITA Kunio: *Kagyû kô* (Considerazioni sulla chiocciola), (Gengoshi sôkan). Tôkô Shoin, 7-1930.
255.b (Sôgen sensho 104). Sôgensha, 2-1943.
256.a YANAGITA Kunio: *Kaijô no michi* (La via sul mare). Chikuma Shobô, 7-1961.
256.b 6-1967.
257.a YANAGITA Kunio: *Kainan shôki* (Piccolo diario delle isole meridionali). Ookayama Shoten, 4-1925.
257.b (Sôgen sensho 44). Sôgensha, 4-1940.
257.c (Sôgen bunko D37). Sôgensha, 9-1952.
257.d (Kadogawa bunko 1421). Kadogawa Shoten, 6-1956.
258. YANAGITA Kunio: Kaisetsu (Spiegazione), in *Kigyôbunshû* (Raccolta di letteratura di viaggio), (Teikoku bunko 22). Hakubunkan, 10-1930.
259.a YANAGITA Kunio (ed.); *Kaison seikatsu no kenkyû* (Studio sulla vita nei villaggi costieri). Nihon Minzokugakkai, 1949.
259.b Kokusho Kankôkai, 1975.
260. YANAGITA Kunio: *Kami o tasuketa hanashi* (Il racconto di colui che ha aiutato la divinità), (Rohen sôsho 4). Genbunsha, 2-1920.
261. YANAGITA Kunio: *Kami o tasuketa hanashi* (Il racconto di colui che ha aiutato la divinità), (Yanagita Kunio sensei chosakushû 10). Jitsugyô no Nihonsha, 5-1950.
262. YANAGITA Kunio: *Kinki shûzoku goi* (Glossario delle usanze di tabu). Kokugakuin Daigaku Hôgen Kenkyûkai, 4-1938.
263. YANAGITA Kunio: *Kitakoura minzokushi* (Etnografia di Kitakoura, [Nagano-ken]), (Zenkoku minzokushi sôsho 1). Sanseidô, 4-1949.
264.a YANAGITA Kunio: *Kodomo fudoki* (Descrizione di usanze dei bambini). Asahi Shinbunsha, 2-1947.

264.b (Shimin bunko 100). Kawade Shobô, 12-1951.
264.c (Kadogawa bunko 1943). Kadogawa Shoten, 7-1960.
265. YANAGITA Kunio: *Kodomo fudoki. Haha no temariuta* (Descrizione di usanze dei bambini. Le canzoni del gioco della palla apprese da mia madre), (Iwanami bunko 33-138-4). Iwanami Shoten, 12-1976.
266. YANAGITA Kunio: *Koen zuihitsu* (Miscellanea sulla scimmia orfana), (Sôgen sensho 38). Sôgensha, 12-1939.
267.a YANAGITA Kunio: *Kokugo no shôrai* (Il futuro della lingua nazionale), (Sôgen sensho 25). Sôgensha, 9-1939.
267.b (Sôgen bunko D48). Sôgensha, 9-1953.
268. YANAGITA Kunio: *Kokushi to minzokugaku* (Storia nazionale e scienza del folklore), (Iwanami kôza Nihon rekishi 17), Iwanami shoten, 2-1935.
269.a YANAGITA Kunio: *Kokushi to minzokugaku* (Storia nazionale e scienza del folklore), (Minzoku sensho 7). Rokuninsha, 3-1944.
269.b 5-1948.
270. YANAGITA Kunio: *Kokyô shichijûnen* (Settanta anni di terra natia). Nojigiku bunko, 11-1959.
271. YANAGITA Kunio: *Kon'in no hanashi* (Sul matrimonio). Iwanami Shoten, 8-1948.
272. YANAGITA Kunio: *Kôshô bungeishi kô* (Considerazioni sulla storia della letteratura orale). Chûôkôronsha, 1-1947.
273. YANAGITA Kunio: *Kôshô bungei taii* (Lineamenti di letteratura orale), (Iwanami kôza Nihon bungaku 11). Iwanami Shoten, 4-1932.
274. YANAGITA Kunio: *Kotoba no iroiro* (Vari linguaggi), (Wârudo bunko 4). Ryôka Shobô, 6-1949.
275. YANAGITA Kunio: *Kotowaza no hanashi* (Conversazione sui proverbi). Arusu, 1-1930.
276. YANAGITA Kunio (ed.): *Kyôdokai kiroku* (Atti della Associazione per gli Studi Locali). Ôokayama Shoten, 4-1925.
277. YANAGITA Kunio: *Kyôdo seikatsu no kenkyûhô* (Il metodo di ricerca sulla vita locale). Tôkô Shoin, 8-1935.
278. YANAGITA Kunio: *Kyôdo shiron* (Discussione di etnografia locale), (Rohen sôsho). Kyôdo Kenkyûsha, 3-1922.
279.a YANAGITA Kunio: *Mainichi no kotoba* (Parole di ogni giorno), (Sôgen sensho 114). Sôgensha, 7-1946.
279.b (Sôgen bunko D1). Sôgensha, 9-1951.
279.c (*Shinpan*) *Mainichi no kotoba* (Nuova edizione - Parole di ogni giorno), (Sôgen sensho 114). Sôgensha, 7-1956.
280. YANAGITA Kunio: *Mame no ha to tayô* (La foglia del fagiolo ed il sole), (Sôgen sensho 68). Sôgensha, 1-1941.
281.a YANAGITA Kunio: *Matsuri no hanashi* (Sui *matsuri*), stesura di Segawa Kiyoko, (Shakaika bunko E8). Sanseidô, 7-1949.
281.b (Sanseidô hyakka shirîzu 4). Sanseidô, 11-1955.
282. YANAGITA Kunio: *Minkan denshô ron* (Teoria delle tradizioni popolari), (Gendai shigaku taikei 7). Kyôrissha, 8-1934.
283. YANAGITA Kunio: *Min'yô no ima to mukashi* (Presente e passato delle canzoni popolari), (Minzoku geijutsu sôsho). Chiheisha Shobô, 6-1929.

284. YANAGITA Kunio: *Min'yô oboegaki* (Annotazioni sulle canzoni popolari), (Sôgen sensho 47). Sôgensha, 5-1940.
285. YANAGITA Kunio (sup. ed.): *Minzokugaku jiten* (Dizionario di folklore), Minzokugaku Kenkyûjo (Istituto di Ricerca per il Folklore) (ed.). Tôkyôdô, 1951.
286. YANAGITA Kunio: *Minzokugaku ni tsuite - Daini Yanagita taidanshû* (A proposito di scienza del folklore - Dibattiti di Yanagita Kunio, 2° volume), (Chikuma sôsho 46). Chikuma Shobô, 9-1965.
287. YANAGITA Kunio (ed.): *Minzoku zadan* (Colloqui sul folklore). Minkan Denshô no Kai, 2-1937.
288. YANAGITA Kunio: *Mizukaidô o nanto yomu* (Come si legge '*Mizukaidô*'), (Jôsô bunka daisanshû). 8-1951.
289.a YANAGITA Kunio: *Mokushi sekigo* (Pensieri di legno, parole di pietra). Sôgensha, 10-1942.
289.b (Yanagita Kunio sensei chosakushû 5). Jitsugyô no Nihonsha, 9-1948.
290.a YANAGITA Kunio: *Momen izen no koto* (Prima del filo di cotone), (Sôgen sensho 15). Sôgensha, 5-1939.
290.b (Sôgen bunko D41). Sôgensha, 11-1952.
290.c (Kadogawa bunko 1278). Kadogawa Shoten, 9-1955.
290.d (Iwanami bunko 33-138-3). Iwanami Shoten, 2-1979.
291.a YANAGITA Kunio: *Momotarô no tanjô* (La nascita di Momotarô). Sanseidô, 1-1933.
291.b 7-1942.
291.c (Kadogawa bunko 19). Kadogawa Shoten, 6-1951.
292. YANAGITA Kunio: *Monogatari to katarimono* (Narrativa e recitazione dei menestrelli), (Asuka shinsho 1). Kadogawa Shoten, 10-1946.
293.a YANAGITA Kunio: *Mukashibanashi oboegaki* (Annotazioni sui *mukashibanashi*). Sanseidô, 4-1943.
293.b (Gendai sensho 12). Shûdôsha, 10-1957.
294.a YANAGITA Kunio: *Mukashibanashi to bungaku* (*Mukashibanashi* e letteratura), (Sôgen sensho 1). Sôgensha, 12-1938.
294.b (Sôgen bunko D2). Sôgensha, 10-1951.
294.c (Kadogawa bunko 1422). Kadogawa Shoten, 9-1956.
295. YANAGITA Kunio: *Mukashi no kokugo kyôiku* (L'educazione linguistica del passato), (Iwanami kôza kokugo kyôiku 5). Iwanami Shoten, 7-1937.
296. YANAGITA Kunio: Mura no shinkô (La fede del villaggio), in *Watashino tetsugaku* (La mia filosofia), Shisô no Kagaku Kenkyûkai (Società di ricerca sulla scienza del pensiero) (ed.). Chûôkôronsha, 1-1950.
297. YANAGITA Kunio: *Mura no sugata* (Aspetti del villaggio). Asahi Shinbunsha, 7-1948.
298. YANAGITA Kunio: *Mura to gakudô* (Villaggio e scolari). Asahi Shinbunsha, 9-1945.
299. YANAGITA Kunio: *Nazo to kotowaza* (Indovinelli e proverbi), (Chûgakusei zenshû 86). Chikuma Shobô, 10-1952.
300. YANAGITA Kunio: *Nenjûgyôji* (Eventi annuali), (Kyôyô no sho). Nittô Shuppansha, 3-1949.
301.a YANAGITA Kunio: *Nenjûgyôji oboegaki* (Annotazioni sugli eventi annuali), (Gendai sensho 1). Shûdôsha, 10-1955.
301.b *Nenjûgyôji oboegaki*. Shûdôsha, 2-1956.

302. YANAGITA Kunio (sup. ed.): *Nenjûgyôji zusetsu* (Spiegazione illustrata degli eventi annuali), Minzokugaku Kenkyûjo (Istituto di Studi per il Folklore) (ed.). Iwasaki Shoten, 1953.
303. YANAGITA Kunio (sup. ed.): *Nihon densetsu meii* (Indice delle leggende giapponesi), Nihon Hôsô Kyôkai (ed.). Nihon Hôsô Shuppan Kyôkai, 3-1950.
304.a YANAGITA Kunio: *Nihon (shinwa) densetsu shû* (Raccolta di [miti e] leggende giapponesi), (Nihon jidô bunko 8). Arusu, 5-1929.
304.b *Nihon no densetsu* (Leggende del Giappone), (Shun'yôdô shônen bunko 34). Shun'yôdô, 11-1932.
304.c Mikuni Shobô, 12-1940.
304.d Jîpusha, 7-1950.
304.e (Kadogawa bunko 554). Kadogawa Shoten, 5-1953.
305.a YANAGITA Kunio: *Nihonjin* (I Giapponesi). Mainichi Shinbunsha, 12-1954.
305.b 1976.
306. YANAGITA Kunio: Nihon minzokugaku (La scienza del folklore giapponese), in *Gakujutsu no Nihon* (Il Giappone scientifico), Kokumin Gakujutsu Kyôkai (Associazione Nazionale per la Scienza) (ed.). Chûôkôronsha, 4-1942.
307. YANAGITA Kunio (ed.): *Nihon minzokugaku kenkyû* (Ricerche sulla scienza del folklore giapponese). Iwanami Shoten, 1935.
308. YANAGITA Kunio (sup. ed.): *Nihon mukashibanashi meii* (Indice dei *mukashibanashi* giapponesi), Nihon Hôsô Kyôkai (ed.). Nihon Hôsô Shuppan Kyôkai, 3-1948.
309.a YANAGITA Kunio: *Nihon mukashibanashi shû, jô* (Collezione di *mukashibanashi* del Giappone, I), (Nihon jidô bunko 11). Anusu, 3-1930.
309.b *Nihon no mukashibanashi* (*Mukashibanashi* del Giappone), (Shun'yôdô shônen bunko 108). Shun'yôdô, 5-1934.
309.c Mikuni Shobô, 9-1941.
309.d Jîpusha, 7-1950.
309.e (Kadogawa bunko 553). Kadogawa Shoten, 2-1953.
309.f. (*Kaiteihan*) *Nihon no Mukashibanshi* (Nuova compilazione - *Mukashibanshi* del Giappone), (Kadogawa bunko 553). Kadogawa Shoten, 5-1960.
310.a YANAGITA Kunio: *Nihon no matsuri* (I *matsuri* del Giappone). Kôbundô Shobô, 12-1942.
310.b (Sôgen bunko D49). Sôgensha, 1-1953.
310.c (Kadogawa bunko 1448). Kadogawa Shoten, 8-1956.
311.a YANAGITA Kunio: *Nihon nôminshi* (Storia della popolazione contadina del Giappone). Tôkô Shoin, 12-1931.
311.b 12-1937.
311.c Tôa Shuppansha, 9-1946.
312. YANAGITA Kunio: Nikai kara mite ita sekai (Il mondo visto dal secondo piano), «*Tôhôjiron*» (Affari orientali), vol. 5, n. 1 (1-1920).
313. YANAGITA Kunio: *Nishi wa dotchi* (Da che parte è l'ovest?). Kôbunsha, 8-1948.
314.a YANAGITA Kunio: *Nochi no karikotoba no ki* (Registrazione di parole di caccia ancora in uso). (Stampato da sé), 3-1909.
314.b Yanagita Kunio Sensei Kiju Kinenkai (Comitato per il 77° Compleanno del Professor Yanagita Kunio) (ed.). Jitsugyô no Nihonsha, 10-1951.

315. YANAGITA Kunio: *Nôgu no hanashi* (Conversazione sugli attrezzi agricoli), (Ôsaka-fu mingu zuroku bessatsu). Izumi Kyôdo bunko, 5-1939.
316.a YANAGITA Kunio: *Nogusa zakki* (Annotazioni sparse sulle erbe di campagna). Kôchô Shorin, 11-1940.
316.b 11-1956.
317. YANAGITA Kunio: *Nôgyô seisaku* (Politica agraria). (Testo di lezioni alla Università Chûô), 1907. In B/360.b, vol. 28.
318. YANAGITA Kunio: *Nôgyô seisakugaku* (La scienza della politica agraria). (Testo di lezioni alla Università Senshû), 1902. In B/360.b, vol. 28.
319. YANAGITA Kunio: *Nôseigaku* (Amministrazione agraria). (Testo di lezioni di economia politica all'università Waseda), 1902. In B/360.b, vol. 28.
320.a YANAGITA Kunio: *Notori zakki* (Annotazioni sparse sugli uccelli di campagna). Kôchô Shorin, 11-1940.
320.b 11-1956.
321. YANAGITA Kunio (ed.): *Okinawa bunka sôsetsu* (Groviglio di teorie sulla cultura di Okinawa). Chûôkôronsha, 12-1947.
322. YANAGITA Kunio: *Oshira-kami kô* (Considerazioni su [la divinità] Oshira-kami), (Yanagita Kunio sensei chosakushû 11). Jitsugyô no Nihonsha, 9-1951.
323. YANAGITA Kunio (sup. ed.): *Ritô seikatsu no kenkyû* (Studio sulla vita nelle isole lontane dalla costa), Wakamori Tarô-Nihon Minzokugakkai (Società Giapponese di Folklore) (eds.). Shûeisha, 1966.
324. YANAGITA Kunio: *Rôdokushoreki* (Note di lettura nella vecchiaia), (Yanagita Kunio sensei chosakushû 9). Jitsugyô no Nihonsha, 1-1950.
325.a YANAGITA Kunio: *Rohen sôsho kaidai* (Guida bibliografica alla Biblioteca del focolare). Kyôdo Kenkyûsha, 11-1924.
325.b (Zôhoban) (edizione aumentata). Kyôdo Kenkyûsha, 7-1925.
326. YANAGITA Kunio: *Saiji shûzoku goi* (Glossario delle usanze calendariali). Minkan Denshô no Kai, 1-1939.
327. YANAGITA Kunio: *Saijitsu kô* (Considerazioni sui giorni festivi), (Shinkokugaku dan 1). Koyama Shoin, 12-1946.
328. YANAGITA Kunio: *Sairei to seken* (Rituali festivi e società), (Rohen sôsho). Kyôdo Kenkyûsha, 8-1922.
329. YANAGITA Kunio: *Saishin sangyô kumiai tsûkai* (Nuovissima spiegazione approfondita delle cooperative di produzione). Dai Nihon Jitsugyô Gakkai, 12-1902.
330. YANAGITA Kunio: *San'iku shûzoku goi* (Glossario delle usanze connesse alla nascita e all'educazione dei bambini). Aiikukai, 10-1935.
331.a YANAGITA Kunio: *Sanson goi* (Glossario dei villaggi di montagna). Dai Nihon Sanrinkai, 12-1932.
331.b *Sanson goi zokuhen* (Glossario dei villaggi di montagna, continuazione). Dai Nihon Sanrinkai, 1-1935.
331.c YANAGITA Kunio - KURATA Ichirô: *Bunrui sanson goi* (Glossario classificatorio dei villaggi di montagna). Shinano Kyôikukai, 5-1941.
332.a YANAGITA Kunio (ed.): *Sanson seikatsu no kenkyû* (Studio sulla vita nei villaggi di montagna). Minkan Denshô no Kai, 6-1937.
332.b Kokusho Kankôkai, 1975.
333a. YANAGITA Kunio: *Santô mintanshû, I* (Raccolta di racconti popolari nelle isole montuose, I), (Kôen sôsho 3). Kôen Sôsho Kankôsho, 7-1914.

333.b (Nihon bunka meichosen 2). Sôgensha, 11-1942.

334. YANAGITA Kunio: *Santô mintanshû, II* (Raccolta di racconti popolari nelle isole montuose, II). In B/360.b, vol. 27.

335. YANAGITA Kunio: *Sasayakanaru mukashi* (Un passato insignificante). In B/360.b, vol. 23.

336. YANAGITA Kunio: *Seikatsu no samazama* (Vari generi di esistenza), (Wârudo bunko 5). Ryôka Shobô, 6-1949.

337.a YANAGITA Kunio: *Seinen to gakumon* (Giovani e sapere). Nihon Seinenkan, 4-1928.

337.b *Kyôdo kenkyû jûkô* (Dieci lezioni sugli studi locali). Nihon Seinenkan, 12-1931.

337.c *Seinen to gakumon* (Giovanni e sapere), (Iwanami bunko 33-138-2). Iwanami Shoten, 3-1976.

338. YANAGITA Kunio: *Senzo no hanashi* (Sui nostri antenati). Chikuma Shobô, 4-1946.

339.a YANAGITA Kunio: *Sesô hen* (Aspetti sociali), (Meiji Taishô shi 4) (Storia del periodo Meiji e Taishô, vol. 4°). Asahi Shinbunsha, 1-1931.

339.b *Meiji Taishô shi sesô hen* (Storia del periodo Meiji e Taishô: aspetti sociali), (Tôyô bunko). Heibonsha, 12-1966.

340. YANAGITA Kunio: *Shakaika kyôikuhô* (Il metodo dell'insegnamento dell'educazione civica), stesura di Wakamori Tarô. Jitsugyô no Nihonsha, 6-1953.

341. YANAGITA Kunio: *Shakaika no shinkôsô* (La nuova concezione della materia di educazione civica), (tavola rotonda). Seijô Kyôiku Kenkyûjo, 10-1947.

342. YANAGITA Kunio: Shasei to ronbun (Descrizione e trattazione), « *Bunshô sekai* » (Il mondo dello stile), vol. 2, n. 3 (2-1907).

343. YANAGITA Kunio: *Shima no jinsei* (Vita umana nelle isole), (Sôgen sensho 214). Sôgensha, 9-1951.

344.a YANAGITA Kunio: *Shingo ron* (Discussione sulla nuova lingua), (Kokugo shigaku kôza 7: Kokugo-hôgengaku) (Corso di storia della lingua nazionale 7: Scienza della lingua nazionale e scienza dei dialetti). Meiji Shoin, 7-1934.

344.b *Kokugoshi shingo hen* (Storia della lingua nazionale: la nuova lingua). Tôkô Shoin, 12-1936.

345. YANAGITA Kunio: *Shinju hen* (Compilazione sulle divinità-alberi), (Yanagita Kunio sensei chosakushû 12). Jitsugyô no Nihonsha, 3-1953.

346.a YANAGITA Kunio: *Shinshû zuihitsu* (Miscellanea sulla regione di Shinshû [Nagano-*ken*]). Yamamura Shoin, 10-1936.

346.b (Yanagita Kunio sensei chosakushû 3). Jitsugyô no Nihonsha, 2-1948.

347. YANAGITA Kunio: *Shintô to minzokugaku* (*Shintô* e scienza del folklore), (Meisei sôsho). Meiseidô, 4-1943.

348.a YANAGITA Kunio: *Shiryô toshite no densetsu* (Le leggende come materiali storici). Washinoo Saburô Kan, 6-1944.

348.b Murayama Shoin, 10-1957.

349. YANAGITA Kunio: *Shônen to kokugo* (Giovani e lingua nazionale). Tôkyô Sôgensha, 7-1957.

350.a YANAGITA Kunio: *Shûfûchô* (Taccuino del vento d'autunno). Azusa Shobô, 11-1932.

350.b (Sôgen sensho 43). Sôgensha, 3-1940.

351. YANAGITA Kunio (sup. ed.): *Sôgô minzoku goi* (Glossario comprensivo del folklore giapponese), Minzokugaku Kenkyûjo (Istituto di Studi per il Folklore) (ed.), 5 voll. Heibonsha, 1955-1956.
352. YANAGITA Kunio: *Sôsô shûzoku goi* (Glossario delle usanze funerarie). Minkan Denshô no Kai, 9-1937.
353. YANAGITA Kunio: *Sugae Masumi* (Sugae Masumi), (Sôgen sensho 88). Sôgensha, 3-1932.
354. YANAGITA Kunio: *Suisu nikki* (Diario svizzero). In B/360.b, vol. 3.
355. YANAGITA Kunio: *Suiyô techô* (Taccuino del mercoledì). In B/360.b, vol. 3.
356. YANAGITA Kunio: *Sumiyaki nikki* (Diario di un carbonaio). Shûdôsha, 11-1958.
357. YANAGITA Kunio: *Tabemono to shinzô* (Cibo e cuore), (Sôgen sensho 45). Sôgensha, 4-1940.
358.a YANAGITA Kunio: *Taidokushoreki* (Note di lettura dalla seclusione). Shomotsu Tenbosha, 7-1933.
358.b (Yanagita Kunio sensei chosakushû 8). Jitsugyô no Nihonsha, 4-1949.
359. YANAGITA Kunio: Tama no iku e (Dove vanno le anime dei morti), « *Wakaechi minzoku* » (Folklore di Fukui-*ken*), vol. 5, n. 2 (12-1949).
360.a YANAGITA Kunio: *Teihon Yanagita Kunio shû* (Edizione *standard* delle opere di Yanagita Kunio), 31 voll. + 4 voll. suppl. Chikuma Shobô, 1-1962/11-1964.
360.b (Shinsôhan) (Edizione riveduta), 31 voll. + 5 voll. suppl. Chikuma Shobô, 6-1968/6-1971.
361. YANAGITA Kunio: *Tôkoku kodôki* (Antiche cronache di viaggi nelle regioni orientali), (Kamiko kyôdo sôsho). Kamiko Kyôdo Kenkyûkai, 6-1952.
362.a YANAGITA Kunio: *Tôno monogatari* (Leggende di Tôno). Shûseidô, 6-1910.
362.b (Zôhoban) (Edizione allargata). Kyôdo Kenkyûsha, 7-1935.
362.c (Bungei shunshû sensho 5). Bungei Shunshûsha, 10-1948.
362.d (Sôgen bunko D12). Sôgensha, 12-1951.
362.e (Kadogawa bunko 1295). Kadogawa Shoten, 10-1955.
363. YANAGITA Kunio: *Tôno monogatari. Yama no jinsei* (Leggende di Tôno. Vita umana sui monti), (Iwanami bunko 33-138-1). Iwanami Shoten, 1976.
364. YANAGITA Kunio: *Toshi to nôson* (Città e villaggi), (Asahi jôshiki kôza 6). Asahi Shinbunsha, 3-1929.
365. YANAGITA Kunio: *Ujigami to ujiko* (Divinità tutelari del clan e fedeli del clan), (Shinkokugaku dan 3). Koyama Shoten, 11-1947.
366. YANAGITA Kunio: *Warai no hongan* (Il voto originario del riso). Yamatosha, 1-1946.
367. YANAGITA Kunio: Watashino shinjô (Il mio credo), in *Watashino shinjô* (Gendai zuisô zenshû 1). Iwanami Shoten, 10-1951.
368. YANAGITA Kunio: *Yamamiya kô* (Considerazioni sui santuari di montagna), (Shinkokugaku dan 2). Koyama Shoten, 6-1947.
369.a YANAGITA Kunio: *Yama no jinsei* (Vita umana sui monti), (Daini sôsho). Kyôdo Kenkyûsha, 11-1926.
369.b (Yanagita Kunio sensei chosakushû 1). Jitsugyô no Nihonsha, 5-1947.
370. YANAGITA Kunio: *Yama no kami to okoze* (Divinità della montagna e [pesce] *okoze*). Neiraku Shoin, 8-1936.
371. YANAGITA Kunio: *Yanagita Kunio nôsei ronshû* (Antologia degli scritti di am-

ministrazione agraria di Yanagita Kunio), Fujii Takashi (ed.). Hôsei Daigaku Shuppankyoku, 1975.

372. YANAGITA Kunio: *Yanagita Kunio sensei chosakushû* (Raccolta degli scritti del professor Yanagita Kunio, 12 voll.). Jitsugyô no Nihonsha, 1947-1953.
373. YANAGITA Kunio: *Yanagita Kunio sensei shosekishû* (Raccolta delle lettere di Yanagita Kunio), Yamashita Hisao (ed.). Iwate Kenritsu Tôno Kôtôgakkô, 3-1950.
374. YANAGITA Kunio: Yanagita Kunio shû (Antologia di Yanagita Kunio), in *Kindai Nihon bungaku zenshû 58* (Raccolta di letteratura giapponese moderna, vol. 58). Kaizôsha, 8-1931.
375. YANAGITA Kunio: Yanagita Kunio shû (Antologia di Yanagita Kunio), in *Gendai zuisô zenshû 1* (Raccolta di saggi contemporanei, vol. 1). Sôgensha, 1-1954.
376. YANAGITA Kunio: *Yanagita Kunio shû* (Antologia di Yanagita Kunio), (Gendai Nihon bungaku zenshû 12). Chikuma Shobô, 1-1955.
377. YANAGITA Kunio: Yanagita Kunio shû (Antologia di Yanagita Kunio), in *Nihon bungaku 26* (Letteratura giapponese, vol. 26). Chûôkôronsha, 7-1969.
378. YANAGITA Kunio: *Yanagita Kunio shû* (Antologia di Yanagita Kunio), (Nihon bungaku taikei 45). Kadogawa Shoten, 1973.
379. YANAGITA Kunio: *Yanagita Kunio shû* (Antologia di Yanagita Kunio), (Kindai Nihon shisôshi taikei 14). Chikuma Shobô, 8-1975.
380. YANAGITA Kunio: (*Shinpen*) *Yanagita Kunio shû* (Raccolta delle opere di Yanagita Kunio - Nuova compilazione), 12 voll. Chikuma Shobô, 1978-1979.
381. YANAGITA Kunio: *Yanagita Kunio taidanshû* (Raccolta dei dibattiti di Yanagita Kunio), (Chikuma sôsho 26). Chikuma Shobô, 11-1964.
382. YANAGITA Kunio: *Yôkai dangi* (Racconti di spiriti), (Gendai sensho 9). Shûdôsha, 12-1956.
383.a YANAGITA Kunio: *Yukiguni no haru* (La primavera nel paese delle nevi). Oka Shoin, 2-1928.
383.b (Sôgen sensho 41). Sôgensha, 3-1940.
383.c (Sôgen bunko D49). Sôgensha, 2-1953.
383.d (Kadogawa bunko 1449). Kadogawa Shoten, 7-1956.
384. YANAGITA Kunio (sup. ed.): *Zenkoku minzokushi sôsho* (Biblioteca del folklore di tutta la nazione), Minzokugaku Kenkyûjo (Istituto di Studi per il Folklore) (ed.), 7 voll. Sanseidô/Tôkô Shoin, 1949/1951.
385. YANAGITA Kunio (sup. ed.): *Zenkoku mukashibanashi kiroku* (Registrazione di *mukashibanashi* in tutta la nazione), 13 voll. Sanseidô, 1942/1944.
386. YANAGITA Kunio: *Zokusei goi* (Glossario del sistema di parentela). Nihon Hôri Kenkyûkai, 5-1943.
387. YANAGITA Kunio - HAYAKAWA Kôtarô: *Otora kitsune no hanashi* (Il racconto della volpe Otora), (Rohen sôsho 2). Genbunsha, 2-1920.
388. YANAGITA Kunio - HORI Ichirô: *Jûsanchô kô* (Considerazione su tredici tombe). Sanseidô, 8-1948.
389. YANAGITA Kunio - KAWABATA Yasunari (sup. ed.): *Hi no shima* (L'isola del fuoco), Ishida Eiichirô (ed.). Shôkô Shoin, 1-1948.
390. YANAGITA Kunio - KURATA Ichirô: *Bunrui gyoson goi* (Glossario classificatorio dei villaggi di pescatori). Minkan Denshô no Kai, 12-1938.

391. Yanagita Kunio - Miki Shigeru: *Yukiguni no minzoku* (Folklore del paese delle nevi). Kôchô Shorin/Yamatosha, 5-1944.
392. Yanagita Kunio - Ômachi Tokuzô: *Kon'in shûzoku goi* (Glossario delle usanze matrimoniali). Minkan Denshô no Kai, 3-1937.
393. Yanagita Kunio - Ôwada Tateki - (et Alii): *Kigyô zuihitsu shû* (Raccolta miscellanea di scritti di viaggio), (Gendai Nihon bungaku zenshû 36). Kaizôsha, 8-1929.
394. Yanagita Kunio - Seki Keigo: *Mukashibanashi saishû techô* (Taccuino per la raccolta dei *mukashibanashi*). Minkan Denshô no Kai, 8-1936.
395. Yanagita Kunio - Seki Keigo: *Nihon minzokugaku nyûmon* (Introduzione alla scienza del folklore giapponese). Kaizôsha, 8-1942.
396. Yanagita Kunio - Yamaguchi Sadao: *Kyojû shûzoku goi* (Glossario delle usanze nell'abitazione). Minkan Denshô no Kai, 5-1939.
397. Yanagita Kunio - (et Alii): *Gendai Nihon bungaku zenshû 1* (Raccolta di letteratura giapponese contemporanea, vol. 1). Kaizôsha, 5-1927.
398. Yanagita Kunio - (et Alii): *Gendai tanka taikei, 1* (Lineamenti di *tanka* contemporanea, vol. 1). Kawade Shobô, 8-1952.
399. Yanagita Kunio - (et Alii): *Gendai zuihitsu senshû, 1* (Selezione di *zuihitsu* contemporanei, vol. 1). Konseidô, 11-1948.
400. Yanagita Kunio - (et Alii): *Gendai zuihitsu taiken* (Panorama di *zuihitsu* contemporanei). Shinchôsha, 3-1927.
401. Yanagita Kunio - (et Alii): *Gendai zuihitsu zenshû, 8* (Raccolta di *zuihitsu* contemporanei, vol. 8). Konseidô, 12-1935.
402. (Minakata Kumagusu) - Yanagita Kunio: *Ôfuku shosekishû* (Corrispondenza). Heibonsha, 1975.
403. (Origuchi Shinobu - Takahama Kyoshi) - Yanagita Kunio: *Uta - Haiku - Kotowaza* (Poesie - Haiku - Proverbi), (Nihon jidô bunko 64). Arusu, 1-1930.
404. (Origuchi Shinobu) - Yanagita Kunio: *Kôki ôchô bungakushi - Hashihime no hanashi - Katsurame yuraiki* (Storia della letteratura del tardo periodo Heian - A proposito di Hashihime [divinità che protegge i ponti] - Dati sulla origine del nome Katsurame [un tipo di sciamana itinerante]). (Poligrafato), 2-1930.

APPENDICE

1. Indice dei termini e dei nomi giapponesi

Akaboshi	赤星	Honshû	本州
Akamatsu Sôdan	赤松宗旦	Hori Ichirô	堀一郎
Aruga Kizaemon	有賀喜左衛門	Hôsei	法政
Asahi shinbun	朝日新聞	*Hôseikyoku*	法制局
Asano Akira	浅野晃	*hotoke*	仏
Ashikaga	足利	*Hôtokusha*	報徳社
		Hyôgo	兵庫
Bon	盆		
Bunka Kunshô	文化勲章	Ibaraki	茨城
Bunkazai Hozon Shingi Iinkai		Ienaga Saburô	家永三郎
	文化財保存審議委員会	*ikebana*	生花
		Ikubunkan Chûgakkô	郁文館中学校
Chiba	千葉	Inoue	井上
Chie	千枝	*Ipusenkai*	イプセン会
Chizu	千津	Irokawa Dàikichi	色川大吉
Chûô	中央	Ishida Eiichirô	石田英一郎
		Itô Mikiharu	伊藤幹治
Daiichi Kôtôgakkô	第一高等学校	Iwate	岩手
		Izumi Kyôka	泉鏡花
Edo	江戸		
		Jintô	神東
Fukawa	布川	*jômin*	常民
Fukuda Ajio	福田アジオ		
Fukusaki	福崎	*kagyû*	蝸牛
Fusa	布佐	*Kaisei Chûgakkô*	開成中学校
		kamikaze	神風
Gakushiin	学士院	Kamishima Jirô	神島二郎
Geijutsuin	芸術院	Kamuzaki	神崎
geisha	芸者	*kana*	仮名
geppô	月報	Kanae	鼎
Gotô Sôichirô	後藤総一郎	Kanagawa-*ken*	神奈川県
-*gun*	郡	Kasai	加西
Gunma	群馬	*katarimono*	物り物
		katatsumuri	蝸牛
Haga Noboru	芳賀登	Katô Hidetoshi	加藤秀俊
haibun	俳文	Kawabata Yasunari	川端康成
haikai	俳諧	Kawasaki	川崎
Hani Gorô	羽仁五郎	Keiô	慶応
Hashikawa Bunzô	橋川文三	-*ken*	県
Hashiura Yasuo	橋浦泰雄	Kinoshita Naoe	木下尚江
Hayashi Fusao	林房雄	Kita Ikki	北一輝
heimin	平民	*Kizokuin Shokikanchô*	貴族院書記官長
Higa Shunchô	比嘉春潮	Kôda Rohan	幸田露伴
Hirata Atsutane	平田篤胤	Koizumi Yakumo	小泉八雲
hitogami	人神	*Kokinwakashû*	古今和歌集
Hizuka Ryû	飛塚りゅう	*Kokugaku*	国学
Hôjô	北条	Kokugakuin	国学院
Hokkaidô	北海道	*Kokugakusha*	国学者

Kokumin Gakujutsu Kyōkai	国民学術協会	Nakajima Kawatarō	中島河太郎
kōtō shōgakkō	高等小学校	Nakamura Akira	中村哲
Kōyōkai	紅葉会	Nakano Shigeharu	中野重治
Kunaishō	宮内省	*Nantō Danwakai*	南島談話会
Kunikida Doppo	国木田独歩	Nanzan	南山
Kunio	国男	Naoe Hiroji	直江広治
Kuriyama Kazuo	栗山和男	*Nihon Hōsō Kyōkai*	日本放送協会
Kyōdokai	郷土会	*Nihon Minzoku Gakkai*	日本民俗学会
Kyōdokenkyūkai	郷土研究会	Niigata	新潟
Kyōdoseikatsu no Kenkyūhō no Kai	郷土生活の研究法の会	Ninomiya Sontoku	二宮尊徳
		Nitobe Inazō	新渡戸稲造
Kyōdoseikatsu Kenkyūjo	郷土生活研究所	Noguchi Takenori	野口武徳
Kyōto	京都		
Kyūshū	九州	Okinawa	沖縄
		okoze	ヲコゼ
machi	町	Ōmachi Tokuzō	大間知篤三
Makita Shigeru	牧田茂	Origuchi Shinobu	折口信夫
Matsumoto Nobuhiro	松本信広	Osanai Kaoru	小山内薫
Matsuoka	松岡	Ōshū	奥州
Matsuoka Misao	松岡操	Ōta	太田
Matsuoka Yū	松岡至	Ōtō Tokihiko	大藤時彦
matsuri	祭	Ōwada Tateki	大和田建樹
Matsuri kara sairei e	祭から祭礼へ	Ozaki Kōyō	尾崎紅葉
Matsuura Shūhei	松浦萩坪		
Meiji	明治	*Reimeikai*	黎明会
Michi	三千	*Ryūdokai*	竜土会
Michiyasu	通泰	Ryūkyū	琉球
Miho	三穂	Ryū Shintarō	笠信太郎
Miki	三木		
Miki Shigeru	三木茂	Sado	佐渡
Minakata Kumagusu	南方熊楠	Saitō Mokichi	斎藤茂吉
minkan denshō	民間伝承	*samurai*	侍
Minkan Denshō no Kai	民間伝承の会	Sasaki Kizen	佐々木喜善
minzokugaku	民俗学	Segawa Kiyoko	瀬川清子
Minzokugaku Kenkyūjo	民俗学研究所	*seiji*	政治
Miwa Kimitada	三輪きみただ	Seijō	成城
Miwara	三原	Seki Keigo	関敬吾
Miyata Noboru	宮田登	Senshū	専修
Miyata Shinpachirō	宮田新八郎	*Shakai Seisaku Gakkai*	社会政策学会
Mokuyōkai	木曜会	*-shi*	市
monogatari	物語	Shikoku	四国
Mori Kōichi	森孝一	Shimazaki Tōson	島崎藤村
Mori Ōgai	森鷗外	*Shinkokugaku*	新国学
mukashibanashi	昔話	*shintaishi*	新体詩
mura	村	Shinmura Izuru	新村出
		Shintō	神道
Nagano	長野	Shirai Hideo	白井秀雄
Nagoya	名古屋	*shisō*	思想
Naikaku Bunko	内閣文庫	*shizenshugi*	自然主義
Naikaku Shokikan Kirokukachō	内閣書記官記録課長	Shizuo	静雄
		Shōwa	昭和

Shōwa Kenkyūkai	昭和研究会	Tsuda Sōkichi	津田左右吉
Shunji	俊治	Tsujikawa	辻川
Shunshūen	春秋苑	*Tsuma*	妻
Sugae Masumi	菅江真澄	Tsurumi Kazuko	鶴見和子
Sūmitsu Komonkan	枢密顧問官		
Suzuki Mitsuo	鈴木満男	Ueda Bin	上田敏
		urabon	盂蘭盆
taidan	対談		
Taireishi Jimukan	大礼使事務官	*waka*	和歌
Taishō	大正	Wakamori Tarō	和歌森太郎
Takagi Toshio	高木敏雄	Waseda	早稲田
Takayanagi Shun'ichi	高柳俊一		
Take	たけ	Yamamoto Kenkichi	山本健吉
Tamemasa	為正	Yamashita Hisao	山下久男
Tanigawa Ken'ichi	谷川健一	Yanagi Muneyoshi	柳宗悦
tanka	短歌	Yanagita	柳田
Tayama Katai	田山花袋	*Yanagita-gaku*	柳田学
Tawara	田原	Yanagita Kō	柳田孝
Teihon	定本	Yanagita Kunio	柳田国男
Teikoku Nōkai	帝国農会	Yanagita Naohei	柳田直平
Teruo	輝夫	*Yanagita-ron*	柳田論
Tochigi	栃木	Yayoi	弥生
Tōhoku	東北	Yoneyama Toshinao	米山俊直
Tokugawa	徳川	Yoshie	芳江
Tokugawa Iesato	徳川家達	Yoshimoto Takaaki	吉本隆明
Tōkyō	東京	Yoshimura Fuyuhiko	吉村冬彦
"*Tōkyō Asahi shinbun*"	東京朝日新聞	Yoshino Sakuzō	吉野作造
Tōkyō Bijutsu Gakkō	東京美術学校		
Tomoji	友治	*zadan*	座談
Tone	利根	*zadankai*	座談会
Tōno	遠野	*Zenkoku Nōjikai*	全国農事会
Torii Ryūzō	鳥居竜蔵	*zuihitsu*	随筆
Tsuboi Shōgorō	坪井正五郎	*zuisō*	随想

2. *Indice delle voci bibliografiche giapponesi*

B/80 赤松宗旦『利根川図志』岩波書店（昭13・11）。　**B/81** 有賀喜左衛門『一の日本文化論・柳田国男に関連して』未来社（昭51）。　**B/82** 後藤総一郎編『人と思想・柳田国男』三一書房（昭47・12）。　**B/83** 後藤総一郎『常民の思想』風媒社（昭49・8）。　**B/84** 後藤総一郎編『柳田国男の学問形成』白鯨社（昭50・6）。　**B/85** 後藤総一郎『柳田国男論序説』伝統と現代社（昭47・12）。　**B/86** 橋川文三『近代日本政治の諸相』未来社（昭43）。　**B/87** 伊藤幹治『柳田国男・学問と視点』潮出版社（昭50・7）。　**B/88** 伊藤幹治・米山俊直『柳田国男の世界』日本放送出版協会（昭51）。　**B/89** 神島二郎編『柳田国男研究』筑摩書房（昭48・3）。　**B/90** 神島二郎・伊藤幹治編『シンポジウム柳田国男』日本放送出版協会（昭48・7）。　**B/91**『近世奇談全集』（続帝国文庫47）柳田国男・田山花袋校訂，博文館（明36・3）。　**B/92** 牧田茂『柳田国男』中央公論社（昭47・11）。　**B/93**『明治詩人集，一』（明治文学全集60）筑摩書房（昭46）。　**B/94** モース・ロナルド『近代化への挑戦・柳田国男の遺産』日本放送出版協会（昭52）。　**B/95.a** 中村哲『柳田国男の思想』法政大学出版局（昭42・9）。　**B/95.b**（新版）（昭49・9）。

B/96 『日本現代詩大系』全2巻，河出書房新社（昭49）。　　B/97 大藤時彦『柳田国男入門』筑摩書房（昭48・4）。　　B/98 菅江真澄『鄙の一曲』郷土研究社（昭5・9）。　　B/99 菅江真澄『伊那の中道』三元社（昭4・11）。　　B/100 菅江真澄『菴の春秋』三元社（昭5・9）。　　B/101 菅江真澄『来目路の橋』三元社（昭4・8）。　　B/102 菅江真澄『奥の手ぶり』三元社（昭5・2）。　　B/103 菅江真澄『わがこゝろ』三元社（昭4・11）。　　B/104 谷川健一『原風土の相貌』大和書房（昭49・10）。　　B/105 鶴見和子・市井三郎編『思想の冒険・社会と変化のパラダイム一』筑摩書房（昭49・8）。　　B/106 臼井吉見編『柳田国男回想』筑摩書房（昭47・9）。　　B/107 和歌森太郎『柳田国男と歴史学』日本放送出版協会（昭50・10）。　　B/108 『柳田国男』（日本の名書50）中央公論社（昭49・5）。　　B/109 『柳田国男』（文芸読本）河出書房新社（昭51・5）。　　B/110 『柳田国男』（日本文学研究資料叢書）有精堂（昭51・5）。　　B/111 『やしの実から「海上の道」へ』三省堂（昭50）。　　B/112 吉本隆明『共同幻想論』河出書房（昭43・12）。　　B/113 『文学会』（明26～31）。　　B/114 『土俗と伝説』（大7）。　　B/115 『人類学雑誌』（明19～　）。　　B/116 『近畿民俗』近畿民俗学会（昭37・12）。　　B/117 『校友会雑誌』第一高等学校（明23～　）。　　B/118 『郷土研究』郷土研究社（大2～5）。　　B/119.a 『民間伝承』民間伝承の会（昭10～27）。　　B/119.b 国書刊行会（昭47～50）。　　B/120 『民族』民族発行所（大14～昭4）。　　B/121 『しがらみ草紙』（明22～27）。　　B/122 『島』（昭8～9）。　　B/123 （総特集）「思想史の柳田国男」『伝統と現代』34号（昭50・7）。　　B/124 『旅』（昭2）。　　B/125.a 『旅と伝説』（昭3～19）。　　B/125.b 国書刊行会（昭51～52）。　　B/126 「柳田国男」（特集号）『文学』岩波書店（昭36・1）。　　B/127 「柳田国男」『現代のエスプリ』57号，伊藤幹治編，至文堂（昭47・4）。　　B/128 「柳田国男」（特集）『伊那』伊那史学会（昭51・1）。　　B/129.a 『（季刊）柳田国男研究』谷川健一・伊藤幹治・後藤総一郎・宮田登責任編集，白鯨社。　　B/129.b 1号「問いとしての柳田学」（昭48・2）。　　B/129.c 2号「北への視角」（昭48・5）。　　B/129.d 3号「柳田国男と柳宗悦」（昭48・8）。　　B/129.e 4号「柳田国男と農政思想」（昭48・11）。　　B/129.f 5号「柳田国男と南方熊楠」（昭49）。　　B/129.g 6号「民俗学の方法を問う」（昭49）。　　B/129.h 7号「柳田国男と沖縄」（昭49）。　　B/129.j 8号「柳田国男の百年を問う」（昭50・4）。　　B/130 「柳田国男の民俗思想とその位相」『ピエロタ』母岩社（昭47・10）。　　B/131 「柳田国男の世界」『民俗の旅』読売新聞社（昭50・12）。　　B/132 （小特集）「柳田国男の死」『論争』論争社（昭37・12）。　　B/133 「柳田国男生誕百年記念」『学燈』丸善，72号（昭50・7）。　　B/134 （特集）「柳田国男先生と国語教育」『教室の窓』東京書籍（昭37・12）。　　B/135 （特集）「柳田国男その方法と主題」『現代思想』青土社（昭50・4）。　　B/136 （特集）「柳田国男と折口信夫」『国文学』学燈社（昭48・1）。　　B/137 有賀喜左衛門「聟入考と柳田国男」（B/129.J）。　　B/138 有賀喜左衛門「柳田国男の研究方法について」（B/135）。　　B/139 後藤総一郎「長谷川如是閑と柳田国男」（B/123）。　　B/140 後藤総一郎「民俗の宝庫・佐渡の原風土」（B/131）。　　B/141 後藤総一郎「思想における民俗学」（B/129.g）。　　B/142 後藤総一郎「柳田学と転向」（B/130）。　　B/143 後藤総一郎「柳田国男の経済思想」（B/128）。　　B/144 後藤総一郎「柳田国男の少年体験」（B/89）。　　B/145 後藤総一郎「柳田国男入門・これから柳田国男を読む人のために」（B/131）。　　B/146 後藤総一郎・谷川健一「柳田国男と折口信夫・対談」（B/89）。　　B/147 芳賀登「民間史学と地方史」『地方史研究』（昭41・10）。　　B/148 芳賀登「戦後の作品にみる柳田国男の思想」（B/90，251～272ペ）。　　B/149 芳賀登「柳田国男における一揆打こわし」（B/129.j）。　　B/150 芳賀登「柳田国男における地方学の構想」（B/129.b）。　　B/151 橋川文三「文学から民俗学への道」（B/90）。　　B/152 橋川文三「保守主義と転向・柳田国男と白鳥義千代」『転向』下巻，平凡社（昭37）。　　B/153 橋川文三「魯迅と柳田国男」『魯迅選集月報』岩波書店（昭39・6）。　　B/154 橋川文三「壮烈なアマチュアの自覚」（B/89）。　　B/155 橋川文三「柳田学の本領と課題」（B/127）。　　B/156 橋川文三「柳田国男の青春体験」（B/89）。　　B/157 橋川文三「柳田国男拾遺」『同時代』（昭39・9）。　　B/158 橋川文三「柳田国男・その人間と思想」『世界の知識人』（20世紀を動かした人々1）講談社（昭39・8）。　　B/159 橋川文三・藤田省三「民俗主義は有効か・柳田国男の平和主義」『新日本文学』（昭36）。　　B/160 橋川文三・色川大吉・川村二郎・谷川健一・伊藤幹治・宮田登・後藤総一郎「座談会柳田

学の形成と主題」(B/129.b)。　　　　B/161　堀一郎「柳田国男と宗教史学」(B/136)。
B/162　家永三郎「柳田史学論」『現代史学批判』和光社（昭28・9）。　　B/163　色川大吉
「私の柳田国男」(B/129.j)。　　B/164　石田英一郎「民俗学の狭さ」『民間伝承』(昭23・6)。
B/165　伊藤幹治「柳田国男と文明批評の論理」(B/127)。　B/166　神島二郎「常民とは
何か」『常民の政治学』伝統と現代社（昭47・6)。　　B/167　神島二郎「民俗学の方法論的
基礎」『文学』岩波書店（昭36・7）。　　B/168　神島二郎「柳田学評価の歴史について」
(B/89)。　B/169　神島二郎「柳田学以前」(B/126)。　　B/170　神島二郎「柳田国男・
日本民俗学の創始者」(B/89)。　B/171　神島二郎「柳田国男近代日本の巨人」『文芸春
秋』（昭39・8)。　　B/172　神島二郎「柳田国男日本の思想家この百年」『朝日ジャーナル』
5巻24号（昭38・6)。　B/173　神島二郎「柳田・折口における日本的ユートピア思想」
(B/136)。　　B/174　神島二郎・五来重・谷川健一・宮田登・後藤総一郎「討論」(B/82)。
B/175　神島二郎・伊藤幹治「柳田国男の学問」(B/108)。　　B/176　来島靖生「森のふく
ろう・柳田国男の短歌」(B/110, 13～34ペ)。　　B/177　牧田茂「民俗の意味」『日本民俗
学』（昭32・1)。　　B/178　牧田茂「民俗の時代性と現代性」『民間伝承』（昭26・6)。
B/179　牧田茂「折口信夫・柳田国男教祖の人物像」『伝統と現代』（昭44・10)。　　B/180
宮田登「地方史研究と民俗学」(B/89)。　　B/181　宮田登「比較民俗学の基準」(B/129.
g)。　　B/182　宮田登「解説」(B/110, 304～311ペ)。　　B/183　宮田登「南方熊楠と柳
田国男」(B/123)。　　B/184　宮田登「柳田民俗学における仏教」(B/135)。　　B/185　モ
ース・ロナルド「遠野物語考」『展望』筑摩書房（昭51・3)。　　B/186　モース・ロナルド「柳
田国男研究の方法論」(B/129.b)。　B/187　中島河太郎編「柳田国男研究文献目録」(B/89,
501～524ペ)。　　B/188　中村哲「祖先崇拝」(B/109, 182～192ペ)。　　B/189　中村哲
「祖先崇拝と新国学」(B/89)。　　B/190　中村哲「柳田国男の環境」(B/131)。　　B/191
中村哲・鶴見和子・山本健吉・谷川健一・後藤総一郎「座談会柳田国男の百年を問う」
(B/129.j)。　　B/192　直江広治・桜井徳太郎・竹田旦・佐藤信行・谷川健一・崔仁鶴「座
談会柳田民俗学と朝鮮」(B/129.c)。　　B/193　「年譜」(B/360.b, 5別巻619～663ペ)。
B/194　岡田陽一「主要参考文献目録・解題」(B/109, 284～295ペ)。　　B/195　岡田陽一
「柳田国男年譜」(B/109, 276～283ペ)。　　B/196　「書誌」(B/360.b, 5別巻539～618ペ)。
B/197　「収録著作索引」(B/360.b, 5別巻523～538ペ)。　　B/198　鈴木満男「比較民俗
学と文化人類学」(B/90, 185～201ペ)。　　B/199　鈴木満男「双分制的行事の文化史的意
味」(B/89)。　B/200　谷川健一「海上の道考」(B/131)。　　B/201　谷川健一「海上の
道と天才の死」(B/82)。　　B/202　谷川健一「折口他者としての柳田」『日本読売新聞』
（昭41・1月1日)。　　B/203　谷川健一「柳田国男の普遍性」『東京新聞』(昭48・3月26日)。
B/204　谷川健一「柳田国男の序文」(B/130)。　B/205　谷川健一「柳田国男の世界」『日
本読売新聞』(昭37・8月20日)。　　B/206　鶴見和子「解説」(B/379)。　　B/207　鶴見和子
「国際比較における個別性と普遍性・柳田国男とマリオン・リーヴィー」『思想の科学』別
冊5（昭46・11)。　　B/208　鶴見和子「社会変動のパラダイム」(B/105)。　　B/209　鶴見
和子「社会変動論としての明治大正史世相篇」(B/89)。　　B/210　鶴見和子「われらのう
ちなる原始人」『思想の科学』別冊1（昭44・10)。　　B/211　鶴見和子「柳田国男研究の国
際化」(B/133)。　　B/212　和歌森太郎「民俗学の方法について」『民間伝承』(昭24・4)。
B/213　和歌森太郎「柳田国男民俗学の進展・確立」『日本民俗学概説』(昭22・8)。　　B/214
和歌森太郎「柳田国男における常民の思想」(B/136)。　　B/215　米山俊直「柳田国男の
旅」(B/90, 65～78ペ)。　　B/216　柳田国男『赤子塚の話』（炉辺叢書1）玄文社（大9・2)。
B/217　柳田国男『新たなる太陽』(現代選書5) 修道社（昭31・1)。　　B/218　柳田国男『文
化政策ということ』北方文化聯盟（昭16・5)。　　B/219　柳田国男『分類児童語彙上巻』東
京堂（昭24・1)。　　B/220　柳田国男『分類民俗語彙』全12巻、国書刊行会（昭49)。
B/221.a　柳田国男『分類農村語彙』信濃教育会（昭12・9)。　　B/221.b　『分類農村語彙
増補版上巻・下巻』東洋堂（昭22・5～23・12)。　　B/222　柳田国男『分類祭祀語彙』角川
書店（昭38・11)。　　B/223　柳田国男『分類食物習俗語彙』角川書店（昭49)。　　B/224.a
柳田国男『小さき者の声』（玉川文庫39）玉川学園出版部（昭8・4)。　　B/224.b　(女性叢
書）三国書房（昭17・11)。　　B/224.c　ジープ社（昭25・7)。　　B/224.d　（角川文庫1956）
角川書店（昭35・10)。　　B/225　柳田国男『竹馬余事』（自筆詩歌文集）（明20・9）(B/360.b,

26巻)。　　**B/226**　柳田国男『地名の話その他』岡書院（昭8・1）。　　**B/227.a**　柳田国男『地名の研究』古今書院（昭11・1）。　　**B/227.b**　（柳田国男先生著作集2）実業之日本社（昭22・10）。　　**B/228**　柳田国男『伝説』（岩波新書72）岩波書店（昭15・9）。　　**B/229**　柳田国男『不幸なる芸術』筑摩書房（昭28・6）。　　**B/230**　柳田国男『不幸なる芸術・笑の本願』（岩波文庫33・138・5）岩波書店（昭54・10）。　　**B/231**　柳田国男『服制習俗語彙』民間伝承の会（昭13・5）。　　**B/232**　柳田国男「古臭い未来」『東方時論』5巻6号（大9・6）。　　**B/233**　柳田国男『学年別日本の昔話』実業之日本社（昭30・6）。　　**B/234**　柳田国男『月曜通信』修道社（昭29・12）。　　**B/235.a**　柳田国男『母の手毬歌』（学友文庫1）芝書店（昭24・12）。　　**B/235.b**　（少年少女知識文庫5）ポプラ社（昭27・10）。　　**B/236.a**　柳田国男『俳諧評釈』民友社（昭22・8）。　　**B/236.b**　（創元選書218）創元社（昭26・12）。　　**B/237**　柳田国男『俳諧評釈続編』（B/360.b, 17巻）。　　**B/238**　柳田国男『稗の未来』（稗叢書2）農村更生協会（昭14・5）。　　**B/239**　柳田国男『火の昔』実業之日本社（昭19・8）。　　**B/240**　柳田国男『人神考序説』（国学院大学講義テキスト）（昭27・3）。　　**B/241**　柳田国男『方言覚書』（創元選書90）創元社（昭17・5）。　　**B/242**　柳田国男『方言と昔他』（朝日文庫9）朝日新聞社（昭25・1）。　　**B/243**　柳田国男『北国紀行』（柳田国男先生著作集6）実業之日本社（昭23・11）。　　**B/244**　柳田国男『標準語と方言』明治書院（昭24・5）。　　**B/245**　柳田国男『一目小僧その他』小山書院（昭9・6）。　　**B/246**　柳田国男『家閑談』鎌倉書房（昭21・11）。　　**B/247.a**　柳田国男『妹の力』（創元選書55）創元社（昭15・8）。　　**B/247.b**　（創元文庫D58）創元社（昭28・8）。　　**B/247.c**　（角川文庫1518）角川書店（昭32・2）。　　**B/248.a**　柳田国男外数共著『稲の日本史』全3巻, 農林協会（昭30・12～32・3～33・12）。　　**B/248.b**　全2巻, 筑摩書房（昭38・3）。　　**B/249.a**　柳田国男『石神問答』聚精堂（明43・5）。　　**B/249.b**　石神問答刊行会（昭8・11）。　　**B/249.c**　（日本文化名著選2）創元社（昭16・12）。　　**B/250**　柳田国男編『伊豆大島方言集』中央公論社（昭17・6）。　　**B/251.a**　柳田国男『時代ト農政』聚精堂（明43・12）。　　**B/251.b**　（柳田国男先生著作集4）実業之日本社（昭23・5）。　　**B/252**　柳田国男『自選歌集』（B 360.b, 26巻）。　　**B/253.a**　柳田国男『女性と民間伝承』岡書院（昭7・12）。　　**B/253.b**　（柳田国男先生著作集7）実業之日本社（昭24・2）。　　**B/254**　柳田国男『ジュネーブ思い出』（B 360.b, 3巻）。　　**B/255.a**　柳田国男『蝸牛考』（言語誌叢刊）刀江書院（昭5・7）。　　**B/255.b**　（創元選書104）創元社（昭18・2）。　　**B/256.a**　柳田国男『海上の道』筑摩書房（昭36・7）。　　**B/256.b**　（昭42・6）。　　**B/257.a**　柳田国男『海南小記』大岡山書店（大14・4）。　　**B/257.b**　（創元選書44）創元社（昭15・4）。　　**B/257.c**　（創元文庫D37）創元社（昭27・9）。　　**B/257.d**　（角川文庫1421）角川書店（昭31・6）。　　**B/258**　柳田国男「解説」『紀行文集』（帝国文庫22）博文館（昭5・10）。　　**B/259.a**　柳田国男編『海村生活の研究』日本民俗学会（昭24）。　　**B/259.b**　国書刊行会（昭50）。　　**B/260**　柳田国男『神を助けた話』（炉辺叢書4）玄文社（大9・2）。　　**B/261**　柳田国男『神を助けた話』（柳田国男先生著作集10）実業之日本社（昭25・5）。　　**B/262**　柳田国男『禁忌習俗語彙』国学院大学方言研究会（昭13・4）。　　**B/263**　柳田国男『北小浦民俗誌』（全国民俗誌叢書1）三省堂（昭24・4）。　　**B/264.a**　柳田国男『こども風土記』朝日新聞社（昭17・2）。　　**B/264.b**　（市民文庫100）河出書房（昭26・12）。　　**B/264.c**　（角川文庫1943）角川書店（昭35・7）。　　**B/265**　柳田国男『こども風土記・母の手毬歌』（岩波文庫33・138・4）岩波書店（昭51・12）。　　**B/266**　柳田国男『孤猿随筆』（創元選書38）創元社（昭14・12）。　　**B/267.a**　柳田国男『国語の将来』（創元選書25）創元社（昭14・9）。　　**B/267.b**　（創元文庫D48）創元社（昭28・9）。　　**B/268**　柳田国男『国史と民俗学』（岩波講座日本歴史17）岩波書店（昭10・2）。　　**B/269.a**　柳田国男『国史と民俗学』（民俗選書7）六人社（昭19・3）。　　**B/269.b**　（昭23・5）。　　**B/270**　柳田国男『故郷七十年』のじぎく文庫（昭34・11）。　　**B/271**　柳田国男『婚姻の話』岩波書店（昭23・8）。　　**B/272**　柳田国男『口承文芸史考』中央公論社（昭22・1）。　　**B/273**　柳田国男『口承文芸大意』（岩波講座日本文学11）岩波書店（昭7・4）。　　**B/274**　柳田国男『言葉のいろいろ』（ワールド文庫4）蓼科書房（昭24・6）。　　**B/275**　柳田国男『ことわざの話』アルス（昭5・1）。　　**B/276**　柳田国男編『郷土会記録』大岡山書店（大14・4）。　　**B/277**　柳田国男『郷土生活の研究法』刀江書院（昭10・8）。　　**B/278**　柳田国男『郷土誌論』（炉辺叢書）郷土研究社（大11・3）。　　**B/279.a**　柳田国男『毎日の言葉』（創元選書114）創元社（昭21・

7）。　　B/279.b　（創元文庫D1）創元社（昭26・9）。　　B/279.c 『新版毎日の言葉』（創元選書114）創元社（昭31・7）。　　B/280　柳田国男『豆の葉と太陽』（創元選書68）創元社（昭16・1）。　　B/281.a　柳田国男『祭の話』瀬川清子執筆（社会科文庫E8）三省堂（昭24・7）。　　B/281.b　（三省堂百科シリーズ4）三省堂（昭30・11）。　　B/282　柳田国男『民間伝承論』（現代史学大系7）共立社（昭9・8）。　　B/283　柳田国男『民謡の今と昔』（民俗芸術叢書）地平社書房（昭4・6）。　　B/284　柳田国男『民謡覚書』（創元選書47）創元社（昭15・5）。　　B/285　柳田国男監修『民俗学辞典』民俗学研究所編，東京堂（昭26）。　B/286　柳田国男『民俗学について・第二柳田国男対談集』（筑摩叢書46）筑摩書房（昭40・9）。　B/287　柳田国男編『民俗座談』民間伝承の会（昭12・2）。　　B/288　柳田国男『水海道を何と読む』（常総文化第三集）（昭26・8）。　　B/289.a　柳田国男『木想石語』創元社（昭17・10）。　　B/289.b　（柳田国男先生著作集5）実業之日本社（昭23・9）。　　B/290.a　柳田国男『木綿以前の事』（創元選書15）創元社（昭14・5）。　　B/290.b　（創元文庫D41）創元社（昭27・11）。　　B/290.c　（角川文庫1278）角川書店（昭30・9）。　　B/290.d　（岩波文庫33・138・3）岩波書店（昭54・2）。　　B/291.a　柳田国男『桃太郎の誕生』三省堂（昭8・1）。　B/291.b　（昭17・7）。　　B/291.c　（角川文庫19）角川書店（昭26・6）。　　B/292　柳田国男『物語と語り物』（飛鳥新書1）角川書店（昭21・10）。　　B/293.a　柳田国男『昔話覚書』三省堂（昭18・4）。　　B/293.b　（現代選書12）修道社（昭32・10）。　　B/294.a　柳田国男『昔話と文学』（創元選書1）創元社（昭13・12）。　　B/294.b　（創元文庫D2）創元社（昭26・10）。　　B/294.c　（角川文庫1422）角川書店（昭31・9）。　　B/295　柳田国男『昔の国語教育』（岩波講座国語教育5）岩波書店（昭12・7）。　　B/296　柳田国男「村の信仰」『私の哲学』思想の科学研究会編，中央公論社（昭25・1）。　　B/297　柳田国男『村のすがた』朝日新聞社（昭23・7）。　　B/298　柳田国男『村と学童』朝日新聞社（昭20・9）。　　B/299　柳田国男『なぞとことわざ』（中学生全集86）筑摩書房（昭27・10）。　　B/300　柳田国男『年中行事』（教養の書）日東出版社（昭24・3）。　　B/301.a　柳田国男『年中行事覚書』（現代選書1）修道社（昭30・10）。　　B/301.b 『年中行事覚書』修道社（昭31・2）。　　B/302　柳田国男監修『年中行事図説』民俗学研究所編，岩崎書店（昭28）。　　B/303　柳田国男監修『日本伝説名彙』日本放送協会編，日本放送出版協会（昭25・3）。　　B/304.a　柳田国男『日本（神話）伝説集』（日本児童文庫8）アルス（昭4・5）。　　B/304.b 『日本の伝説』（春陽堂少年文庫34）春陽堂（昭7・11）。　　B/304.c　三国書房（昭15・12）。　　B/304.d　ジープ社（昭25・7）。　　B/304.e　（角川文庫554）角川書店（昭28・5）。　　B/305.a　柳田国男『日本人』毎日新聞社（昭29・12）。　　B/305.b　（昭51）。　　B/306　柳田国男「日本民俗学」『学術の日本』国民学術協会編，中央公論社（昭17・4）。　　B/307　柳田国男編『日本民俗学研究』岩波書店（昭10）。　　B/308　柳田国男監修『日本昔話名彙』日本放送協会編，日本放送出版協会（昭23・3）。　　B/309.a　柳田国男『日本昔話集』（日本児童文庫11）アルス（昭5・3）。　　B/309.b 『日本の昔話』（春陽堂少年文庫108）春陽堂（昭9・5）。　B/309.c　三国書房（昭16・9）。　　B/309.d　ジープ社（昭25・7）。　　B/309.e　（角川文庫553）角川書店（昭28・2）。　　B/309.f 『改訂版日本の昔話』（角川文庫553）角川書店（昭35・5）。　　B/310.a　柳田国男『日本の祭』弘文堂書房（昭17・12）。　　B/310.b　（創元文庫D49）創元社（昭28・1）。　　B/310.c　（角川文庫1448）角川書店（昭31・8）。　　B/311.a　柳田国男『日本農民史』刀江書院（昭6・12）。　　B/311.b　（昭12・12）。　　B/311.c　東亞出版社（昭21・9）。　　B/312　柳田国男「二階から見ていた世界」『東方時論』5巻1号（大9・1）。　　B/313　柳田国男『西は何方』甲文社（昭23・6）。　　B/314.a　柳田国男『後狩詞記』（自家出版）（明42・3）。　　B/314.b　柳田国男先生喜寿記念会編，実業之日本社（昭26・10）。　　B/315　柳田国男『農具の話』（大阪府民具図録別冊）和泉郷土文庫（昭14・5）。　B/316.a　柳田国男『野草雑記』甲鳥書林（昭15・11）。　　B/316.b　（昭31・11）。　　B/317　柳田国男『農業政策』（中央大学講義録）（明40）（B/360.b, 28巻）。　　B/318　柳田国男『農業政策学』（専修大学講義録）（明35）（B/360.b, 28巻）。　　B/319　柳田国男『農政学』（早稲田大学政治経済講義録）（明35）（B/360, 28巻）。　　B/320.a　柳田国男『野鳥雑記』甲鳥書林（昭15・11）。　　B/320.b　（昭31・11）。　　B/321　柳田国男編『沖縄文化叢説』中央公論社（昭22・12）。　　B/322　柳田国男『大白神考』（柳田国男先生著作集11）実業之日本社（昭26・9）。　　B/323　柳田国男監修『離島生活の研究』和歌森太郎・日本民俗学会編，集

英社（昭41）。　　**B/324**　柳田国男『老読書歴』（柳田国男先生著作集9）実業之日本社（昭25・1）。　　**B/325.a**　柳田国男『炉辺叢書解題』郷土研究社（大13・11）。　　**B/325.b**　（増補版）郷土研究社（大14・7）。　　**B/326**　柳田国男『歳時習俗語彙』民間伝承の会（昭14・1）。　　**B/327**　柳田国男『祭日考』（新国学談1）小山書院（昭21・12）。　　**B/328**　柳田国男『祭礼と世間』（炉辺叢書）郷土研究社（大11・8）。　　**B/329**　柳田国男『最新産業組合通解』大日本実業学会（明35・12）。　　**B/330**　柳田国男『産育習俗語彙』愛育会（昭10・10）。　　**B/331.a**　柳田国男『山村語彙』大日本山林会（昭7・12）。　　**B/331.b**　『山村語彙続篇』大日本山林会（昭10・1）。　　**B/331.c**　柳田国男・倉田一郎『分類山村語彙』信濃教育会（昭16・5）。　　**B/332.a**　柳田国男編『山村生活の研究』民間伝承の会（昭12・6）。　　**B/332.b**　国書刊行会（昭50）。　　**B/333.a**　柳田国男『山島民譚集Ⅰ』（甲寅叢書3）甲寅叢書刊行所（大3・7）。　　**B/333.b**　（日本文化名著選2）創元社（昭17・11）。　　**B/334**　柳田国男『山島民譚集Ⅱ』（B/360.b, 27巻）。　　**B/335**　柳田国男『さゝやかなる昔』（B/360.b, 23巻）。　　**B/336**　柳田国男『生活のさまざま』（ワールド文庫5）蓼科書房（昭24・6）。　　**B/337.a**　柳田国男『青年と学問』日本青年館（昭3・4）。　　**B/337.b**　『郷土研究十講』日本青年館（昭6・12）。　　**B/337.c**　『青年と学問』（岩波文庫33・138・2）岩波書店（昭51・3）。　　**B/338**　柳田国男『先祖の話』筑摩書房（昭21・4）。　　**B/339.a**　柳田国男『世相篇』（明治大正史4）朝日新聞社（昭6・1）。　　**B/339.b**　『明治大正史世相篇』（東洋文庫）平凡社（昭42・12）。　　**B/340**　柳田国男『社会科教育法』和歌森太郎執筆、実業之日本社（昭28・6）。　　**B/341**　柳田国男『社会科の新構想』（座談会）成城教育研究所（昭22・10）。　　**B/342**　柳田国男「写生と論文」『文章世界』2巻3号（明40・2）。　　**B/343**　柳田国男『島の人生』（創元選書214）創元社（昭26・9）。　　**B/344.a**　柳田国男『新語論』（国語史学講座7　国語方言学）明治書院（昭9・7）。　　**B/344.b**　『国語史新語篇』刀江書院（昭11・12）。　　**B/345**　柳田国男『神樹篇』（柳田国男先生著作集12）実業之日本社（昭28・3）。　　**B/346.a**　柳田国男『信州随筆』山村書院（昭11・10）。　　**B/346.b**　（柳田国男先生著作集3）実業之日本社（昭23・2）。　　**B/347**　柳田国男『神道と民俗学』（明世叢書）明世堂（昭18・4）。　　**B/348.a**　柳田国男『史料としての伝説』鷲尾三郎刊（昭19・6）。　　**B/348.b**　村山書店（昭32・10）。　　**B/349**　柳田国男『少年と国語』東京創元社（昭32・7）。　　**B/350.a**　柳田国男『秋風帖』梓書房（昭7・11）。　　**B/350.b**　（創元選書43）創元社（昭15・3）。　　**B/351**　柳田国男監修『総合民俗語彙』民俗学研究所編、全5巻、平凡社（昭30〜31）。　　**B/352**　柳田国男『葬送習俗語彙』民間伝承の会（昭12・9）。　　**B/353**　柳田国男『菅江真澄』（創元選書88）創元社（昭7・3）。　　**B/354**　柳田国男『瑞西日記』（B/360.b, 3巻）。　　**B/355**　柳田国男『水曜手帖』（B/360.b, 3巻）。　　**B/356**　柳田国男『炭焼日記』修道社（昭33・11）。　　**B/357**　柳田国男『食物と心臓』（創元選書45）創元社（昭15・4）。　　**B/358.a**　柳田国男『退読書歴』書物展望社（昭8・7）。　　**B/358.b**　（柳田国男先生著作集8）実業之日本社（昭24・4）。　　**B/359**　柳田国男「魂のゆくへ」『若越民俗』5巻2号（昭24・12）。　　**B/360.a**　柳田国男『定本柳田国男集』全31巻・4別、筑摩書房（昭37・1〜39・11）。　　**B/360.b**　（新装版）全31巻・5別、筑摩書房（昭43・6〜46・6）。　　**B/361**　柳田国男『東国古道記』（上小郷土叢書）上小郷土研究会（昭27・6）。　　**B/362.a**　柳田国男『遠野物語』聚精堂（明43・6）。　　**B/362.b**　（増補版）郷土研究社（昭10・7）。　　**B/362.c**　（文芸春秋選書5）文芸春秋社（昭23・10）。　　**B/362.d**　（創元文庫D12）創元社（昭26・12）。　　**B/362.e**　（角川文庫1295）角川書店（昭30・10）。　　**B/363**　柳田国男『遠野物語・山の人生』（岩波文庫33・138・1）岩波書店（昭51）。　　**B/364**　柳田国男『都市と農村』（朝日常識講座6）朝日新聞社（昭4・3）。　　**B/365**　柳田国男『氏神と氏子』（新国学談3）小山書店（昭22・11）。　　**B/366**　柳田国男『笑の本願』養徳社（昭21・1）。　　**B/367**　柳田国男「私の信条」『私の信条』（現代随想全集1）岩波書店（昭26・10）。　　**B/368**　柳田国男『山宮考』（新国学談2）小山書店（昭22・6）。　　**B/369.a**　柳田国男『山の人生』（第二叢書）郷土研究社（昭元・11）。　　**B/369.b**　（柳田国男先生著作集1）実業之日本社（昭22・5）。　　**B/370**　柳田国男『山の神とホコゼ』寧楽書院（昭11・8）。　　**B/371**　柳田国男『柳田国男農政論集』藤井隆至編、法政大学出版局（昭50）。　　**B/372**　柳田国男『柳田国男先生著作集』全12巻，実業之日本社（昭22〜28）。　　**B/373**　柳田国男『柳田国男先生書簡集』山下久男編、岩手県立遠野高等学校（昭25・3）。　　**B/374**　柳田国男「柳田国男集」『近代日本文学全集58』改造社（昭6・8）。　　**B/375**　柳田国男「柳

田国男」『現代随想全集1』創元社（昭29・1）。　　B/376　柳田国男『柳田国男集』（現代日本文学全集12）筑摩書房（昭30・1）。　　B/377　柳田国男「柳田国男集』『日本文学26』中央公論社（昭44・7）。　　B/378　柳田国男『柳田国男集』（日本近代文学大系45）角川書店（昭48）。　　B/379　柳田国男『柳田国男集』（近代日本思想史大系14）筑摩書房（昭50・8）。　B/380　柳田国男『新編柳田国男集』全12巻，筑摩書房（昭53〜54）。　　B/381　柳田国男『柳田国男対談集』（筑摩叢書26）筑摩書房（昭39・11）。　　B/382　柳田国男『妖怪談義』（現代選書9）修道社（昭31・12）。　　B/383.a　柳田国男『雪国の春』岡書院（昭3・2）。　B/383.b　（創元選書41）創元社（昭15・3）。　　B/383.c　（創元文庫D49）創元社（昭28・2）。　B/383.d　（角川文庫1449）角川書店（昭31・7）。　　B/384　柳田国男監修『全国民俗誌叢書』民俗学研究所編，全7巻，三省堂・刀江書院（昭24〜26）。　　B/385　柳田国男監修『全国昔話記録』全13巻，三省堂（昭17〜19）。　　B/386　柳田国男『族制語彙』日本法理研究会（昭18・5）。　　B/387　柳田国男・早川孝太郎『おとら狐の話』（炉辺叢書2）玄文社（大9・2）。　　B/388　柳田国男・堀一郎『十三塚考』三省堂（昭23・8）。　　B/389　柳田国男・川端康成監修『火の島』石田英一郎編，彰考書院（昭23・1）。　　B/390　柳田国男・倉田一郎『分類漁村語彙』民間伝承の会（昭13・12）。　　B/391　柳田国男・三木茂『雪国の民俗』甲鳥書林・養徳社（昭19・5）。　　B/392　柳田国男・大間知篤三『婚姻習俗語彙』民間伝承の会（昭12・3）。　　B/393　柳田国男・大和田建樹外数共著『紀行随筆集』（現代日本文学全集36）改造社（昭4・8）。　　B/394　柳田国男・関敬吾『昔話採集手帖』民間伝承の会（昭11・8）。　　B/395　柳田国男・関敬吾『日本民俗学入門』改造社（昭17・8）。　　B/396　柳田国男・山口貞夫『居住習俗語彙』民間伝承の会（昭14・5）。　　B/397　柳田国男外数共著『現代日本文学全集1』改造社（昭2・5）。　　B/398　柳田国男外数共著『現代短歌大系1』河出書房（昭27・8）。　　B/399　柳田国男外数共著『現代随筆選集1』金星堂（昭23・11）。　B/400　柳田国男外数共著『現代随筆大観』新潮社（昭2・3）。　　B/401　柳田国男外数共著『現代随筆全集8』全星堂（昭10・12）。　　B/402　南方熊楠・柳田国男『往復書簡集』平凡社（昭50）。　　B/403　折口信夫・高浜虚子・柳田国男『歌・俳句・諺』（日本児童文庫64）アルス（昭5・1）。　　B/404　折口信夫・柳田国男『後期王朝文学史・橋姫の話・桂女由来記』（謄写版印刷）（昭5・2）。